小倉昌男 祈りと経営

ヤマト「宅急便の父」が闘っていたもの

森 健

小学館

— 目次 —

装幀　岡　孝治

序章

名経営者の「謎」

アメリカに行かせてよいものなのか――。

二〇〇五年三月、ヤマト福祉財団の常務理事、伊野武幸は銀座の一角で考えあぐねていた。財団理事長の小倉昌男がアメリカに行きたいと言い出したためだ。小倉は齢八十という高齢、しかも、小倉が希望していたのは数日間の短期ではなく、ひょっとすると九十日を超そうかという長期の滞在だった。そうなると渡航要件として何らかのビザが必要になる。

だが、それ以上にもう一つ伊野が不安だったことがある。小倉の健康だ。

小倉はがんだった。

前年の春、定期的に通っていたクリニックで異常が見つかった。春のゴールデンウィークに北陸へ足を伸ばし、江戸後期の歌人・良寛の古里を楽しんだ。その直後、体調を崩し、精密検査ですい臓がんと診断された。

そこから小倉は長い入院生活を送ることになった。がんは春、夏、秋と季節とともに進行し、秋には肺にも転移していたことが発覚。若い頃に結核で片肺を失っていた小倉にとって、がんはさらに肺機能を低下させ、身体への負担も増していた。酸素吸入が必要になったのは当然のことだった。

こうした状況を知っていただけに、伊野は小倉の渡米に賛成ではなかった。がんの病状やステージの進行具合に加え、八十歳という高齢。そこに航空機を使って十数時間という移動となれば、身体への負担はかりしれない。長年小倉を支えてきた伊野からすれば、渡米は懸念のほうが先に立たざるをえなかった。

一方で、強く反対しにくい事情もあった。小倉が向かおうとしていたのは、自身の長女・真理のもとだった。真理は米国人の男性と結婚し、四人の子どもとともに家族でカリフォルニア州ロサンゼルスに住んでいた。米国の病院など治療目的の渡米であれば、留まってもらうよう、伊野は進言するつもりだったが、我が子のもとへ向かいたいという希望であれば、強い反対はできなかった。

さらに言えば、と伊野は振り返る。

「小倉さん自身、自分の体力がどの程度かはわかっていたはず。この期に及んで、渡航を希望するのであれば、小倉さん自身にもある種の覚悟があるんだろうと思いましたね」

だが、不安は捨てがたく存在した。すでに酸素吸入を必要としていた小倉が飛行機に搭乗するとなれば、気圧の変化などの体調管理も含め、医師や看護師の同行も考えねばならない。航空会社へも対応策などで事前の相談が必要だろう。もし現地で体調を崩したときは……という想像も自然と想起されたが、そこから先は深く考えないようにした。いずれにしても、主治医への相談、航空会社などいくつもの対応が必要だった。そして、もちろんヤマト運輸に対しても報告をしなければならなかった。

伊野もかつてはヤマト運輸の社員だった。小倉が社長から会長職の頃、労働組合の委員長を務め、労組と小倉の間を取り持ってきた人物だった。数万人という社員を抱えるヤマトにとって、労組は社員同士をつなぐ重要な紐帯《ちゅうたい》であり、そうした社員との関係を維持するために、小倉はつねに労組とは良好な関係を保ってきた。労使協調路線で歩み、小倉からの信用が厚かった伊野はヤマトを退職すると、福祉財団の理事に登用されていた。

そうした関係もあり、財団に入る前は仕事と直接関わりのない用向きで、財団に入ってからはやはり財団の業務、あるいは財団に関わりのないことでも伊野は細々と小倉の雑事をこなすことがあった。伊野は身体も大きく、響く声ではっきりした物言いをする。数万人が加入する組合においても、人心をつかむ魅力ある人物だった。だが、小倉に対しては殿に仕える忠臣のような存在でもあった。

そんな伊野にとって、この期に及んでリスクを冒して渡米するという小倉の意図はわからないというのが本心だった。それでも本人の意志とあれば、手続きをとらねばならない。それも病状を考えれば、のんびり構えている余裕はなかった。

伊野は雨のなか、病院へと車を走らせた。それは小倉との今生の別れの第一歩でもあった。

〝宅急便の父〟こと、ヤマト運輸（現ヤマトホールディングス）の小倉昌男が他界したのは日本時間の二〇〇五年六月三十日。それから十年の月日が経つが、なきあとも小倉は名経営者として敬われている。

郵便以外の物流インフラを日本ではじめてつくりあげた小倉は、規制緩和のため霞が関の公官庁と闘い、後年は障害者福祉に貢献した。代表的な小倉の業績は、いずれも容易ならざるものだが、それればかりではなく、未来の日本を先取りしていた先見性や戦略性があり、弱者に向けた優しさもある取り組みだった。

小倉自身がものした著書『小倉昌男　経営学』は刊行から十五年以上が経った現在も、ビジネス書として高い評価を得ている。あるビジネス誌では二〇一四年のビジネス書のオールタイムランキングで一位にも選ばれている。彼がビジネスで成してきたこと、経営トップとしての組織に対する心がまえといった部分はなかば〝伝説化〟されているところもある。経営者として小倉を称える声、経営者としての小倉、そしてヤマトを描いてきた書籍はこれまでに多数出されている。

事実、二〇一三年にはヤマトに関する本が立て続けに六冊も出された。その著者には小倉のあとに社長を務めた都築幹彦や瀬戸薫、目下ヤマトホールディングスの代表取締役会長の木川眞などもいる。この年、偶然にしてはやや多すぎると思いながら、ヤマト関連の書籍を読みはじめた。そして、それらを読んだあとで、ふたたび小倉自身の書籍に立ち返って通読してみた。

ビジネスの戦略家としても、大組織の長としても、あるいは、引退後に福祉に力を入れたことなど、どの角度で見ても、すばらしい人物であろうと想起された。

だが、それらの書籍を読んで、どこかもやもやする部分がいくつかあった。なぜなのかを考えると、どうしてもわからなかったことが三つほどあった。

その一つは、退任後、なぜ彼はほとんどの私財を投じて福祉の世界へ入ったのか、ということだ。

小倉は一九九三年、自身が所有していたヤマト運輸の株三百万株のうち時価二十四億円の二百万株を原資にヤマト福祉財団を設立した。一九九五年からはその活動を障害者の就労支援に絞り、障害者が働けるパン屋「スワンベーカリー」の立ち上げなど、障害者が月給で十万円はもらえるような仕組みづくりの活動に取り組んだ。そして、二〇〇一年には保有していた、時価二十二億円の残りの百万株も財団にまるごと寄付した。

小倉はこうした福祉への取り組みについて、自著でこう説明している。

〈そもそも、私がなぜ福祉の財団をつくろうと思ったのかというと、実ははっきりした動機はありませんでした。ただ、ハンディキャップのある人たちになんとか手を差し伸べたい、そんな個人的な気持ちからスタートしたのです。〉（『福祉を変える経営』）

ただでさえ就労や生活が厳しく、多くの支援が必要な障害者福祉の世界に寄付をすることは、歓迎こそあれ、問われるべきことではないだろう。

しかしながら、私財を投じてとなると、話はやや次元が異なる。しかも、財団まで設立し、私財四十六億円を投じて福祉の世界に入ったというのに、〈はっきりした動機〉がないというのはいささか奇異に思えた。

小倉が福祉の世界に入って取り組んでいたことは、障害者の自立、言い方を変えれば、障害者の就労環境の改善だ。精神でも肉体でも障害がある人が雇用されやすくなるよう経営者に働きかけるとともに、業務内容に収益性が高まるヒントを与える。その結果、障害者の賃金を上げ、待遇を改善させることを目的とした。そのために小倉は手弁当で全国を行脚し、障害者を雇用する事業者などを集めて講演を行い、精力的に活動した。

〈(ヤマトでの)経験を(障害者の方が働く)共同作業所の運営当事者の方たちにお話しして、「経営」の重要さを学んでもらい、少しでも多くの賃金を作業所で働く障害者に払えるような仕組みをつくるのに役立ててもらえるようにしよう――。〉(同前。カッコ内は筆者による)

こう自身でも記すように、いわば明確な目的をもって活動していたのである。

にもかかわらず、動機ははっきりしたことがないという。

実際、ざっと関係文献を眺めてみても、ヤマトの経営者時代に障害者福祉の活動をしていた形跡、関心があった様子は見受けられなかった。彼の足跡を辿っても、福祉への取り組みは非常に唐突だという印象を拭えなかった。

疑問の二つ目は、小倉の人物評への疑問だ。外部からの人物評と小倉の自分自身への評価の間には小さくないギャップがあった。

小倉昌男といえば、経済界では「名経営者」という代名詞のほか、官庁の規制と闘い、行政訴訟も辞さなかった「闘士」というイメージがある。宅急便では運輸省（現国土交通省）の免許を巡って悪習的な規制と闘い、九〇年代になって立ち上げたメール便では郵政省（現総務省）と「信書」を巡る論争で闘った。論理をもって不公正な制度に立ち向かう姿は、論理と正義の人という印象を経済界に与えた。

だが、著書を開くと、大きな声の言葉はまったく見出すことができなかった。それどころか自分自身について語るところでは、「気が弱い」という表現が出てくる。それも一度や二度ではない。ということは、少なくとも気が弱いことは事実であり、また、自身でもパブリックイメージと本当の自分にギャップを覚えていたことがうかがえる。

〈どうも私は世の人々から、気が強くてケンカっ早《ばや》い人間だと思われているようだ。おそらく、宅急便の事業などをめぐって役人と徹底的に闘ってきたことで、そういうイメージが広まってしまったのだろう。（略）実際は、自分でも情けなくなるぐらい気の弱い人間だ。ケンカっ早いどころか、むしろ、何か言いたいことがあっても遠慮して引いてしまうことのほうが多い。〉

(『「なんでだろう」から仕事は始まる!』)

〈私は気が弱い。おまけに引っ込み思案で恥ずかしがり屋である。そのため人前でしゃべるときにはたいへん緊張してしまう。そんな自分の性格がとても嫌だ。

「気の弱い人間がよく役人とケンカをしたものだ」と思われるかもしれない。しかしそこは経営者として、筋の通らない理屈で事業を妨害してくる人間を許すわけにはいかなかったのである。〉(『小倉昌男の人生と経営』)

これはどういうことだろうか——。小倉の本を読み返すなかで、不思議と頭にひっかかったことだった。

それは筆者自身の記憶とも結びついている。筆者は一度だけ小倉にインタビューした経験がある。

一九九八年春、折からの航空自由化に絡む空港における規制問題がテーマで、取材時間は一時間半ほどだった。それでもそのときの記憶は強く残っていた。あまりに世間とのギャップが大きかったからだ。当時すでにヤマト運輸の役職はすべて退任していたが、規制と闘った名声を知ったうえで取材を依頼していた。厳しい言葉を求めつつ、人柄もそうした迫力を想定していた。通された部屋は財団の一室だったが、狭く質素な部屋だった。宅急便という物流インフラを全国に敷き、行政と闘った名経営者という人物が使用するにはあまりに小さな部屋だった。

そして、人物像もまた世評とは隔たりがあった。身長は一七〇センチメートルほど、比較的細身のすらっとした体格で、ゆっくりした歩調で部屋に現れた。イメージとしては哲学者のような威厳があるが、話し方はぼそぼそと小さな声だった。ただし、運輸行政の問題点を突く論理性はきわめて明晰《めいせき》で、鋭い論点はそのまま記事になる力をもっていた。若いときには、若さゆえの勢いや体力からもっと押し出しや迫力のある話し方もあったのかもしれないが、その時点ではそうした影はあまり見えなかった。いずれにしても、「闘士」といった表現から遠い印象の人物だった。

また、関連書からもった疑問もあった。

物流業界に詳しい神奈川大学名誉教授の中田信哉の著書には、小倉と長年親しかった同業者の話として、味の素物流の元社長、坂本勲夫の話が紹介されている。

〈坂本さんは『小倉昌男　経営学』を読んで、「一つ違和感を覚えた」と言う。それは「経営は理論である」というくだりである。坂本さんは「小倉さんというのはまったく情の人だ」と語る。「『経営は情だ』の間違いではないか。あれは逆説ではないか」と思ったそうだ。〉（『小倉昌男さんのマーケティング力』）

ただの読者ならいざ知らず、長年親しかった人物が「理」ではなく「情」だと評す。小倉自身の評も頭に置くと、なおさら無視できない指摘だった。

そして、三つ目の疑問は最晩年の行動だ。

小倉の逝去を知らせる訃報は二〇〇五年七月一日、朝日や毎日など各紙の一面トップで報じられた。

〈訃報：小倉昌男さん　80歳死去＝ヤマト運輸元社長

宅配便の生みの親で運輸行政の規制に徹底抗戦してきたヤマト運輸元社長の小倉昌男さんが30日、腎不全のため米ロサンゼルス市の長女宅で死去した。80歳だった。葬儀は親族のみで行う。喪主はヤマト運輸取締役の長男康嗣（こうじ）さん。同社が8月上旬にお別れの会を開く予定だが、日取りなどは未定。〉（毎日新聞）

記されていたのは簡潔な紹介だが、不思議に思ったのはなくなった場所だった。なぜアメリカにいたのかと疑問に思った。長女宅という記載に違和感があったわけではないが、有効な治療法や医師を求めて彼の地に向かったのだろうかといった想像が働いた。後日の報道で、渡米は自分の意志だったと知ったが、八十歳という高齢で、なぜアメリカまで行くことにしたのだろう。そんな行動にも疑問を覚えた。

こうして既出の書籍や資料にあたっているだけでは、人物像はいまひとつ明確な像を結ばなかった。成した事業の大きさ、世間に与えた影響。それらを支える内的動機を考えると、まだ語られていない言葉や背景があるように思えた。

本当の小倉昌男とはいったいどんな人物だったのか……。

そんな単純な疑問をもったのが二〇一三年の晩秋だった。

もう少し詳しい人物像を知りたいのですが、と福祉方面の関係者にコンタクトをとったときには、どんな方向の話になるのか、まるで見当がついていなかった。

ただし、著書などでほとんど触れていないところに、何かカギがあるのかもしれないとは考えていた。もしそうだとするなら、個人的な生き方に関わる部分、信念や信仰、家族といった関係ではないかと考えられた。

取材を進めていくなかで、その想像は次第に確信へと変わっていったが、同時にそれは、小倉の抱えていた思いを痛いように共有していく過程でもあった。

伝説の経営者と呼ばれた小倉昌男（写真は九七年三月に撮影されたもの）
毎日新聞/AFLO

第1章

私財すべてを投じて

小倉の行った寄付は数多く、なかには広く知られていないものもあった
（十勝カルメル会修道院。著者撮影）

福祉のための経営学

突然東京から人が来られて、三百万円の小切手を寄付してくれると言っているのです。ただ、それをそのまま受け取っていいものかどうか——。

大阪の事務局からそんな問い合わせがあったのは、阪神・淡路大震災から二ヶ月ほど経った一九九五年三月下旬のことだった。

東京・中野に本拠地を置く社会福祉法人きょうされん（前身は共同作業所全国連絡会）の常務理事、藤井克徳は受話器の向こうで戸惑う大阪の事務局に「まずはこちらで確認してみます」と応じた。

「聞いたところ、大阪の事務所にやってきた人物はヤマト福祉財団の理事で、ヤマト運輸の関係者らしいが、ヤマト運輸ではないという。大阪の事務局はヤマト運輸のことは知っているが、その財団は知らない。ただ、ふつう寄付に際しては使途目的などを問われ、審査のうえでもらうものという認識がこちらにはある。言うまでもなく、震災のあとで大阪・兵庫の作業所は多くが壊滅的な状況で、お金は喉から手が出るほどほしい。ところが、向こうは使途目的も尋ねないばかりか、『領収書だけくれればいい』と自由度が高すぎる振る舞いなわけです。だからといって、こちらも何者かわからないところから受け取るわけにもいかない。つまり、『ひょっとして寄付を通じた売名行為ではないか……』というのが、大阪の不安だったわけです」

両目に障害がある藤井は目を閉じたまま、詳細に当時の様子を振り返った。

藤井が役員を務めるきょうされんは、障害者が働く場である「共同作業所」の全国的な連絡組織の本部で、当時震災で混乱が続く大阪や兵庫の支援をしていた。大阪や神戸に広がる共同作業所は三十五ヶ所ほどが全壊または半壊という状況で、人手はもちろん資金の面でも支援を必要としていた。

「私自身、実態把握で現地に足を運びましたが、被災した施設はたいへん厳しい状態でした。厚生省（当時）の認可を受けている施設は堅牢で被害も少なかったのですが、無認可の小規模共同作業所は脆弱な建物だったため、震災被害もまた大きかった。もちろんお金もない。そこで、そうした事情を朝日新聞の『論壇』に私が書いたのです。そしたら、ヤマト福祉財団の小倉さんがその記事を読み、大阪に人を送ったということだったのです」

大阪に来ていたのは、財団の常務理事である高田三省《さんせい》という人物だった。高田に連絡すると、銀座にある財団の一室で会いましょうということになった。藤井にとってはそれが小倉昌男との出会いだった。

銀座の財団を訪れると、藤井の懸念は一掃された。大企業の経営者とは思えない、朴訥《ぼくとつ》で真摯な話しぶりに、やさしい人柄が伝わってきたからだ。

「会ってみると、静かな話し方ですが、迫力はありました。でも、事前のイメージとは違っていました。宅急便をつくり、何万人も社員がいるというのだから、ワンマンな大声の社長という人をイメージしていたのです。ところが、訪れてみると、部屋はすごく小さい。音や空気でわかるのですが、その部屋の小ささだけで、彼の性格がうかがえました。また、ああいう地位の方は、一般的な話で知らない話題になってもしばしば知ったかぶりをするものですが、小倉さんはそういうことはしなかった。知らないことは知らない、ぜひ教えてほしいと言う。じつに謙虚で旺盛な学習意欲があった。そこにまず驚きました」

藤井の話す、まちづくりや教育、医療など障害者を巡る現状に小倉は強い関心を示したが、なかでももっとも反応したのは障害者の雇用についてだった。

もとよりヤマト運輸では社是に障害者の雇用促進を謳《うた》い、各営業拠点などで積極的に障害者を雇用していた。そうした状況は藤井も情報として知っていたが、それでも、小倉はそのことを言い募ることはせず、むしろ「私は障害者分野はアマチュアなんです」と語り、「もっと詳しく教えてください」と藤井に教えを乞《こ》うた。

障害者に関して、小倉が関心をもっていたのは経済的な自立だった。一般的に共同作業所で働く障害者の月給はおよそ一万円だった。仕事内容は、空き缶つぶしや牛乳パックの解体、廃油を再生する石鹸《せっけん》づくりといった小規模なリサイクルが大半。経済的に貢献するという意味合いよりも、就労経験や技能習得といった目的が第一にあり、月給は勤労のための対価という位置付けになっていなかった。つまり、一人で自活しようにも経済的に不可能というのが障害者の雇用実態だった。小倉自身が自著に記している。

〈作業所が働く場所というよりは、昼間、障害者が仲間と一緒に楽しく過ごす、歌をうたったりダンスをしたりして過ごす「デイケア」が主目的の場所だったからです。だからおカネを稼ぐ仕組みがほとんどできていなかったのです。〉（『福祉を変える経営』）

藤井が話すこうした障害者の雇用を巡る実状に小倉は驚いた。それからたびたび藤井と面会を重ねた小倉は障害者に対して自分も貢献できるものがあると申し出た。共同作業所における「経営」だった。

〈そこで私は考えました。自分は福祉のことは何も知らない。けれども「経営」ならばプロである。四二年間ヤマト運輸の経営で苦労してきたし、宅急便という新業態をゼロから開発し事業化した経験もある。こうした経験を共同作業所の運営当事者の方たちにお話しして、「経営」の重要さを学んでもらい、少しでも多くの賃金を作業所で働く障害者に払えるような仕組みをつくるのに役立ててもらえるようにしよう――。〉（同前）

自分でもできることがあると気づいた小倉は俄然前のめりになっていたと藤井は言う。

「そこで私たちきょうされんと一緒にやっていきましょうという話になったのです」

それは社交辞令ではなかった。

翌一九九六年、小倉と藤井の二人は「パワーアップセミナー」という無料の講演会（経営セミナー）を立ち上げ、藤井と小倉で全国を行脚していく活動を開始した。

このセミナーでは、障害者の月給を一万円から十万円と十倍に増額することを掲げ、共同作業所の事業者向けに事業内容や経営の質的な改善を促す講演や勉強会を行った。

きょうされん経由で声がかけられ、開催地は札幌、福岡、那覇など政令指定都市を中心に二泊三日、三十人程度の少人数で進めていった。開催にかかる費用はすべて福祉財団が負担した。当初はいわゆる「あごあし付き」のセミナーということに訝《いぶか》しみや警戒の念をもつ人も少なくなかったという。

「一泊だとそうでもないが、二泊も一緒にいると人間関係もさまざまな理解も相当深まる。パワーアップセミナーには小倉さんはすべて予定どおりにフルで参加し、夜は夜で参加者と車座で酒も飲んだ。あれだけの人がそこまでするのかと、つくづくその飾らない人間性に感じ入りました」

経営セミナーはその後毎年行われていき、福祉業界の改革は小倉にとってヤマト運輸引退後の大きな目標になった。その熱い意気込みは小倉自身、自著に記している。

〈数年前に「目標十万円」と言い出した時、福祉関係者からは「夢のような話」、「世界が違う」と否定的な声ばかりがあがった。その声を聞いた時、私の脳裏には、経営危機に陥っていたヤマト運輸で宅急便を始めた時の記憶がよみがえってきた。〉（『経営はロマンだ！』）

作業所の事業者と討論になることは珍しくなかった。作業所はリサイクルの下請け仕事が多かったが、そこでは儲けが度外視されることが基本となっており、利益を上げる＝儲けるということに忌避感や嫌悪感を抱いている人が少なくなかったからだ。その概念をふつうの社会のものに変えてもらうのが一苦労だった。福祉は大事なことだが、稼ぐこと、労働に対する正当な対価として賃金を得ること、事業所として彼らに稼ぐ仕事をしてもらうことは悪いことではない。そんな意識の変化に至るまでが議論の要《かなめ》でもあった。

小倉がヤマト福祉財団を設立したのは一九九三年九月。だが、設立から一年半の活動内容は雑多であり、明確な方向性ができていなかった。

だが、藤井と出会い、障害者福祉の実態を知り、自分にも貢献できる領域——障害者を雇用する事業所の経営支援があることがわかると、小倉はのめり込んでいった。

その取り組みは傍目で見ても本気だったと藤井は振り返る。関係者の講演では一度聞いた登壇者でもつねに真剣に耳を傾け、いつでも真剣にメモをとっていた。また、宿泊先も一人だけいいホテルに泊まることなどせず、参加者と同じ研修センターなどに泊まり、ややもすると藤井らと一緒にお風呂に入り、互いに背中を流したりもした。金銭的なサポートは惜しみなくしつつも、自身を特別扱いせず、つねに参加者と同じ目線を貫いた。

こうした活動を発展させるかたちで、一九九八年、ついに小倉は障害者を社員として雇用する「スワンベーカリー」というベーカリーチェーンまで開業した。経営を「語る」だけでなく、自ら障害者雇用のプレーヤーとしても乗り出したのである。

こうした活動に小倉が入っていくなかで、藤井は小倉とともに各種障害者施設を見学に回ったことが強く印象に残っていた。

「現場を見たいというのは小倉さんの当初の希望だったので、共同作業所や授産施設は複数回りました。そこで仕事内容や働きぶり、暮らしぶりを詳しく尋ねられていたのも小倉さんらしい好奇心だったと思います。寝たきりに近い人が簡単な作業をしているのを見たときには、給与を聞いて大きなショックを受けていたりしました」

だが、そうした見学活動のなかで、やや異なる印象があったのが、精神科の病院を訪問したときのことだった。障害者には、身体障害、知的障害、精神障害と三種類あり、身体障害と知的障害についてはよく知られているが、精神障害についてはあまり知られていない。

精神障害とは、わかりやすく言えば精神の病、精神疾患である。ただし、精神疾患にはしばしば誤解がある。落ち込んでうつになった、など気持ちの問題に帰趨《きすう》されることがあまりに多いことだ。実際には、気持ちの問題（心因性）もあるものの、精神疾患は脳内の神経伝達物質と神経の受容体に関わる器質的な問題に起因することが多い。要は、胃液が出すぎた、腸の消化が悪いといった身体機能の疾患と同じである。脳＝頭に関わることなので「こう考えなさい」と思考や気持ちで対処できるような認識の人が多いだろうが、脳内の神経伝達物質については、考え方の変化などでコントロールできるものではない。だからこそ、治療は薬剤で脳内の神経伝達物質をコントロールする。

そこで藤井は小倉を伴って、東京・小平市にある国立精神・神経医療研究センター病院を案内した。同病院は精神科としては日本でもっとも先進的で、また、規模としても大きな病院である。広大な敷地を通って入っていった病院には閉鎖病棟（入退室は職員の許可による病棟）も少なからず存在していた。

各地の作業所や障害者施設を視察する際、小倉はつねに好奇心をもって目をこらし、現場の人の声に真摯に耳を傾けて回っていた。よいところを見つけたり、課題を見つけてはあとで藤井と話をする。そんな姿勢で向き合ってきていた。

ところが、そのとき国立精神・神経医療研究センター病院での小倉はどこかふだんと様子が違っていたのだと藤井が振り返る。

「精神病院に入院して二十年も三十年も出ていない人がいる。そういう人を見て、小倉さんはうろたえるというか、尋常ではない驚き方をしていた。また、院内を案内する担当者に、非常に熱心に患者や病気のことを尋ねていた。ほかの作業所も多数回りましたが、そこでの関心のもち方は……なにか特別な感じでした。そういう小倉さんに横で接していて、なんとなく彼の身内に精神病院に入院した人がいるのかなと思ったぐらいです」

目に不自由がある藤井は直接小倉の表情に接したわけではない。だが、声や音、話し方や空気といった感覚で微妙な違和感を抱いていた。

一方、社会に目を向けると、この頃、日本はオウム真理教による各種事件や逮捕劇などで大きく揺れていた時期だった。当時、小倉の住むマンションは東京・南青山のオウム教団の真横にあり、連日近所に記者やカメラが押しかける騒がしい経験をしていた。

小倉は藤井とともに福祉活動に足を踏み入れながら、それまで長く身を置いてきた経営の世界から完全に抜けようとしていた。小倉は一九九一年六月に代表取締役会長を退き、代表取締役相談役になったが、事業の傾きを立て直すために一九九三年六月に再び会長職に復帰していた。その会長職も期限の二年を迎えた。また、前年暮れには古希に達した。こうした環境から、小倉は一九九五年六月をもって、役員を含むすべてのヤマト運輸の役職からおりることを決めていた。

小倉は会長職に就いた頃から妻に倣《なら》って俳句を詠みだしていたが、会長退任の際、こんな寂《せき》寥《りょう》とした句を詠んでいた。

〈ほととぎす去りにし静寂《しじま》旅果つる〉

〈螻蛄《けら》鳴くや仕事一途の四十年〉

かつてヤマト福祉財団常務理事だった伊野武幸は、この時期の小倉は抜け殻のようだったと振り返る。

「句にもあるように、仕事一筋にやってきたのが小倉さんでした。しかし、これ以上自分が留まっては、下の人が自分のことばかり気になってしまい、会社にとってもよくないと思っていた。それですべての役職をやめたんです。心象としては、突然ぽっかり大きな穴が開いたような感じだったように思います」

小倉が藤井とともに障害者福祉の活動に飛び込んでいったのは、その空隙《くうげき》を埋めるためだったのだろうか。

宅急便という未知の事業を興し、成功させた業績からすれば、いくばくかの達成感があっても不思議ではない。だが、すべての役職を退任したあとの小倉の表情は達成感よりも寂寞《せきばく》感のほうが強かったという。

その心象の背景として複数の人が口を揃えたのは、妻・玲子の喪失だった。玲子はそれより四年ほど前、一九九一年四月にこの世を去っていた。玲子は事業が振るわない時代から小倉を支えた糟糠《そうこう》の妻であり、心の拠り所でもある女性だった。

そして、小倉が福祉や寄付活動に目覚めるきっかけでもあった。その証拠は意外なところに意外な寄付という形で残されていた。

ある修道院でのこと

空港からの道は、一面白銀の世界だった。

東京では春の風が吹き始めていたが、とかち帯広空港の周辺ではまだ冬の景色をとどめていた。晴天の空で照り返しもまぶしいなか、空港から車を向けたのは、帯広市に隣接する幕別《まくべつ》町《ちょう》だった。

走ること十五分、小高い丘を登る斜面の右手に、うすい灰色の瀟洒《しょうしゃ》な建物が現れた。円錐形のとんがり帽子のような建物。十勝カルメル会修道院だった。

できてから二十年以上経っていたが、建物も敷地も手入れが行き届いており、いまなお美しい外観をとどめていた。一メートルほど雪が周囲に積み上げられた駐車場で車を降りると、冷たい空気ときわだった静けさが肌身に迫った。

通された部屋には椅子が一脚だけ置いてあり、その正面に隣室をつなぐ窓があった。その窓には黒い鉄でつくられた縦格子が設置されていた。暖房は控えめにつけられていた。

「たいへん申し訳ないんですが、ここでは（外部の人とは）こういう形でしかお話しすることができないんです。ご容赦ください」

案内するシスターはやや緊張しつつ、すまなそうにそう釈明した。

「選挙か病院か……。私たちの生活はそれぐらいしか外に出ることはないんです。ですから、お客さんが来ることもないし、外の人とお会いすることがないんです」

東京から遠く離れたこの修道院を訪れたのは、小倉が生前、縁をもったところだという話を聞いたためだった。

小倉は一九八〇年代、宅急便を全国に拡大するためにさまざまな地方を訪ね歩いていたが、なかでも北海道は格段の思いをもって頻繁に訪れていた地だった。多いときには毎月訪れている年もある。足回りや気候の関係か、とくに春から夏にかけての季節に集中的に北海道に足を運んでいた。

そんなとき、小倉はしばしば妻の玲子を帯同した。長く小倉の秘書を務めた岡本和宏によれば、小倉は必ず自費を用意し、妻の旅費を会社にもたせることがなかったという。

「そうしたところは小倉さんはきっちり公私を分けられていた。向こうに行くのは基本的には仕事があったからですが、私的な楽しみもあったと思います」

そうした私的な時間で足を運んだところには各地の観光スポットのほかに、いくつかの教会があった。

もともと小倉はクリスチャンだった。若い頃にプロテスタントの一派、救世軍に入信しており、キリスト教の施設に関わりをもつのは不思議ではなかった。たとえば、小倉は地方視察の際、長崎を訪れたときには、わざわざ五島列島の教会群にまで玲子とともに足を延ばしていた。岡本が言う。

「玲子さんも熱心なクリスチャンでした。小倉さん夫妻にとっては、旅行の目的のひとつに教会めぐりがあったのかもしれません」

ただし、幕別の修道院は女性修道士のための施設で、歴史的な建物でも、観光的な施設でもなく、通りすがりの信者が関わる場所でもない。もし小倉が関係があるとすれば、玲子とともに足を運んだときの関係だろうかと考えられた。早春の北の地を訪れたのはそれを知るためだった。

修道院はまったく音がしない空間だった。

しばらくあってふたりのシスターが格子越しの真向かいの部屋に入ってきた。一人はたいへんな高齢で、もう一人は電話で話したシスターだった。小倉の軌跡を訪ねているという用向きを再度説明すると、二人の硬い表情のなかにすこし照れか和らぎのようなものが表れ、よく覚えておりますと語った。そして、たいへんな恩人ですからと言い添えた。

ふたりはすこし顔を見合わせ、すこしためらいと恥じらいをのぞかせたうえで、小倉さんはこの修道院を助けてくださったのですと語った。そして、こちらの予期に応えるように、ふたりは具体的な話に踏み込んでくれた。

「お恥ずかしい話ではあるのですが、ここの建築費用の資金が足りなかったときがありまして、出してくださったのが小倉さんでした」

十勝カルメル会修道院は一九九〇年初頭に着工、同年十一月に完成した修道院だった。もともとは室蘭に近い伊達市にカルメル会の修道院があったのだが、八〇年代に徐々に人数が増えていくなかで手狭になり、もう一つ修道院をつくることになった。

伊達市の修道院と札幌の教区長（司教）は数年かかってイタリアにあるカルメル会の本部から許可を得ると、ゼネコン大林組の札幌支店に新しい修道院建設について相談。見通しがついたのち、晴れて建築が進められることになった。

「私たちが修道院建設でお願いしていたのは、ミサができる教会が近くにあること、ある程度の広さがあること、周囲の環境がよいことの三つでした。その条件は達せられて、つくられたのが、この幕別の修道院でした」

問題は建設費用だったが、基本的にはカルメル会では寄付によって資金を用立てており、幕別もそうした形で進める予定だった。完成した秋には献堂式も行い、伊達から別れた修道士たちが生活を始めた。

翌一九九一年、伊達の修道院から幕別の修道院に連絡があり、建設費をどのように返済していくかという問い合わせがあった。予定していた額より寄付が少なかったため、不足額をどうするかという話だった。

十勝カルメル会修道院では生活を支えるためのクッキーやチョコレートの製造・販売をはじめていたが、それは建設費を賄えるほどの額ではなかった。

「不安がなかったわけではありません。欧州の教会とちがって、日本では自分の財産を寄付して教会を助ける人は多くないからです」

不足額は三千九百万円。修道院としては、重い負債だった。そこで修道士たちは個々のつてを頼って、寄付を募る活動をすることにした。

そのなかの一人に聖心女子大学出身の修道士がいた。岡洋子《ようこ》というその修道士が聖心女子大の同窓生に呼びかけたところ、ある人物から反応があった。それが小倉だった。小倉の妻、玲子は岡と同級生だったのである。

「じつは寄付の案内をお送りした際には、その少し前に玲子さんは他界されておられたんです。ところが、その案内を読んだ小倉さんが私どもに連絡をくださったのです」

一つつながりが見えた。聞けば、伊達の修道院で岡は元気だという。

話を聞いて、早速、伊達カルメル会修道院に足を伸ばした。


帯広から列車で五時間、伊達紋別駅で降り、伊達カルメル会修道院を訪れると、八十二歳になる岡洋子が迎えてくれた。岡はしっかりした口調でそのときのことはよく覚えていますと振り返った。

「私がお送りした手紙を読んだ小倉さんは、『失礼ですけれど』と、すこし恐縮した感じで問い合わせの電話をくれました。聞けば、玲子さんはすでにお亡くなりになっていた。それもお気の毒なことでしたが、小倉さんは『その建築費の残っている分は全部こちらで支払わせてください』と申し出てくださったのです。小倉さんの話によれば、玲子さんに遺産があり、それを役立てたいということでした。少なくない金額でしたので、この申し出には本当に救われました」

連絡からまもなく、小倉の言葉どおり、伊達カルメル会の銀行口座に三千九百万円が振り込まれた。一九九一年秋のことだった。突然資金に目処がつき、支払えることになったことを大林組の担当者に伝えると、担当者は「やはりそうでしたか」と喜び、こうした奇跡を予期していたことを打ち明けたという。

「大林組さんはそれまでにもカトリックの方と多くおつきあいの経験があったようで、『カトリックの人たちは必ず費用は対応できるものです』と話していました。神様がなんとかしてくれるということをわかっていて、実際にそのとおりになった。もとより無利子で一年間待ってくださっていたのですが、この支払いに『やはり神様はおられますね』と仰っていた。私たちも神様のおはからいだと感じました」

小倉とのやりとりのなかで、岡が印象に残ったことが二つあった。一つは大金を寄付したにもかかわらず、まったく恩着せがましいところがなかったことだ。

「たいへんなお金を寄付してくださったにもかかわらず、『してあげた』という感じがまったくしない方でした。小倉さんも若い頃に入信なさったクリスチャンでした。その信仰が私たちに通じるところがあったのかもしれませんが、小倉さんは神様から『恵み』をもらった方のように感じられました」

もう一つ印象的だったのは、妻・玲子への深い愛情だ。

玲子は生前、小倉とともに北海道を訪れた際、小倉が仕事をしている間にひとりで伊達カルメル会修道院まで来ることがあり、そうした機会を得て岡は玲子との旧交をあたためた。小倉は岡とやりとりするなかで、玲子の話になるとわずかな逸話でも聞き逃さないように、いつも前のめりの姿勢で聞いていたという。

そんな小倉を理解しつつも、驚いたときがあった。十勝カルメル会修道院の祝別式のときである。

「小倉さんのご寄付があって、晴れて祝別式を開くことができましたので、式には小倉さんにもご臨席いただきたいと招待申し上げたのです。そして、式のあと、お土産をお渡しすることにしました。私が保存していた玲子さんからの手紙です。たいへん愛してらした小倉さんが読んだほうが何か思いがあるだろうと思ったからです。それで小倉さんに、玲子さんからのお手紙ですが小倉さんにお渡ししますと、机に置いたのです。その瞬間、驚いたことに、小倉さんは『ああ』と言うなり、バッと手を伸ばして、手紙を鷲づかみなさったのです。そして、貪るように読みはじめたのです」

落ち着きはらった姿しか見ていなかった岡には、それまでの態度と打って変わったような無作法で「子どものような」振る舞いは驚きだった。と同時に、それだけの小倉の深い愛情に感銘を受けたともいう。

「玲子さんが早くお亡くなりになったのは残念なことでした。でも、小倉さんと一緒になったことで、いい人生を送られたんだろうと思いました」

小倉がはじめて私財から寄付をしたのがこの時期だった。幕別町の修道院に寄付したのが一九九一年秋。同じ頃、もう一つ大きな寄付をしている。玲子の生まれ故郷である静岡県蒲原《かんばら》町《ちょう》（現・静岡市清水区）への寄付で、額は一億円だった。

その寄付は新聞でも報じられた。

〈東京都の男性が妻の遺志で古里・蒲原町に1億円を寄付

東京都港区の会社役員小倉昌男さん（66）がこのほど、妻の遺志に従い、庵原郡蒲原町に一億円を寄付した。同町は一億円を財源に福祉基金を創設し、福祉事業の推進に役立てたいとしている。

小倉さんは妻の玲子さんを今年四月に亡くした。玲子さんは同町出身で、生前「ふるさと蒲原町の福祉ボランティアとして活動したい」と願っていたことから、小倉さんが一億円の寄付を決意したという。小倉さんは宅急便で知られる「ヤマト運輸」の相談役を務めている。

同町は多額の善意に感謝し、「小倉玲子福祉基金条例」を設ける方針で、町議会九月定例会に諮っていく。個人の寄付による福祉基金の設置は同町で初めてとなる。〉（「静岡新聞」一九九一年九月一日）

小倉自身、この寄付のことは妻の死とともに自著で記している。

〈会長時代の四年間は楽しかったが、最後に悲しみに襲われた。玲子が一九九一年（平成三年）四月七日、心臓の発作で急逝したのである。

私たちはともにクリスチャンで、一九八九年に私は救世軍から彼女と同じカトリックに改宗していた。趣味の俳句も彼女の影響で始めた。直前まで元気だったのでショックだったが、北海道を一緒に旅することができて幸せだったと思っている。

玲子が「あなたが宅急便をつくったおかげで、本当に便利になった。私から国民栄誉賞をあげたい」と言ってくれたことは今も忘れない。

マザー・テレサを尊敬し、郷土愛が強かった玲子の遺志に従い、静岡県蒲原町に福祉基金として一億円を寄付した。〉（『経営はロマンだ！』）

寄付された一億円によって、蒲原町の町議会で「小倉玲子福祉基金」が設立されていた。

蒲原町は二〇〇六年の市町村合併で静岡市清水区に合併され、すでに自治体としては存在がなくなっていた。だが、当時の町議会の記録には、同基金は元金を保持したまま金融機関で運用され、その運用金利から町内の福祉に利用されたと記されていた。

古参の職員に調べてもらったところ、蒲原町の合併に際して同基金は「解散されたらしい」とのことだったが、「議会だより」に往時の利用実態を示す証言が残っていた。

当時の福祉課長は「寝たきり老人や痴ほう老人の介護手当、高齢者介護ホームの費用などに充てる」（一九九二年）、「基金利息を寝たきり老人のための費用や老人のはり・きゅう・マッサージ治療費の関係等に使う」（一九九三年）と答弁しており、設立からしばらくは町内の福祉に利用されていたようだった。

幕別町の修道院と蒲原町の福祉基金。場所も目的も異なる寄付だが、どちらも関わっていたのは玲子だった。修道院への寄付は本当に玲子の遺志だったのか定かではないが、玲子が好きだった北海道で、玲子が若い頃の同級生が修道士として暮らす修道院という関係であれば、玲子の遺志と言われても不思議ではなかった。その意味で、最初の寄付活動はなかば玲子の遺志に近いものだったとは言えそうだった。

注意すべきは、小倉自身はどちらにも直接関係していなかったことだ。

じつは、この一九九一年当時の小倉はおそらく人生ではじめて仕事から離れた時期だった。父・康臣の跡を継ぎ、大和運輸（当時。一九八二年にヤマト運輸に改称）の代表取締役社長に就いたのが一九七一年。会長職を含めて二十年間、小倉はヤマト運輸を率いてきたが、一九九一年六月にその職を辞して相談役となっていた。玲子の逝去はその二ヶ月前のことだった。

会長を二年二期の四年で辞めることは既定路線だった。一九九一年五月で小倉がすべての役職から離れるのは決まっていたことだった。だが、当時の状況を考えると、会長退任の背景には、任期よりも妻の喪失のほうが大きかったようにも映る。
その時期、小倉は毎月、俳句誌『鷹』に数句を投句しているが、玲子がなくなった頃に送っていたのは、その年の初春、夫婦で長崎を訪れた際につくったと思われる句だった。

〈山越えて五島椿と天主堂〉

〈天主堂祈る漁師や春疾風《はやて》〉

ヤマト運輸の入社前から俳句を嗜《たしな》み、康臣の時代にも社内で俳句同人の句集に携わっていた伊野武幸は、小倉の俳句にもすべて目を通している。だが、この時期の小倉の句はどこか形だけのものに感じるという。
「あの頃の小倉さんは本当に力を失っていましたから、仕方ないのですが……。そもそも俳句をつくるような気分ではなかったと思います。だから同人誌に投句するにしても、過去に旅行先でつくった句をとっておいて、それを後で送ったのではないかと思います」
玲子が心臓を患っていたことは、伊野はもちろん、小倉の近くにいた人は少なからず知っていた。ただし、突然なくなるような重さだとは誰もが認識していなかった。

玲子がなくなる前日の夜、小倉と一緒にいたのが、若い頃から全日本トラック協会の関係でつきあいのあった高田三省だ。その日は土曜で、高田と小倉は仲のよかった多摩運送の星野良三社長（当時）と業界紙の記者の四人で武蔵小金井のフレンチレストランで花見をしていた。高田が振り返る。

「もともとは玲子さんもそこに来る予定でしたが、体調がよくなかったのか、来られなかった。そして花見をしていた夜、小倉さんあてにお店に電話が入った。葉山のマンションに住んでいた奥さんのお母さんからで、今晩は奥さんも葉山に来ているという話でした。小倉さんはそうかと理解して、そのまましばらく酒をのみ、夜遅くに青山の自宅マンションに帰ったんです」

異変を告げる電話が鳴ったのはその翌朝だった。高田は前日一緒に飲んだ記者から朝早くに起こされた。小倉さんの奥さんがなくなったそうです――。

「見つけたのは奥さんのお母さんでした。玲子さんは葉山のマンションで、朝、心臓発作を起こしたということでした。いつも飲んでいる舌下錠のニトロ（グリセリン。血管拡張薬）を舐めようとしたけど、間に合わなかったと。それで小倉さんのところに電話をしたのです。これは間違いないことです」

玲子が心臓を患っていることは高田はかねて聞いており、小倉も周囲に話していた。だが、突然なくなるような事態はまったく想像していなかった。それだけ予想外だったからだろう、小倉は驚くほど取り乱し、妻の早すぎる死を嘆いていたという。

「小倉さんからも連絡をいただいて、その日の夕方、青山の自宅に駆けつけたんです。すごい雨の日だったのを覚えています。玄関を入ると、すぐ近くに奥さんのご遺体が安置されていました。小倉さんは狼狽され、それを隠そうともせず、泣いていました」

享年五十九。あまりに早い死だった。

葬儀は二人が通っていたカトリック麻布教会で行われた。家族を中心とした密葬というかたちだったが、実際には訃報を聞きつけた関係者が多数葬儀に駆けつけた。

高田は小倉との交流の中でしばしば玲子とも話していたが、玲子は還暦後にしたいことを高田に語っていた。それがボランティア活動だった。

「熱心なクリスチャンだったからでしょう。奥さんは『六十歳になったらボランティアをやりたい』『マザー・テレサのまね事をしたいのです』と仰っていた。まもなくその六十歳を迎える歳だった。それだけに、ご本人も小倉さんも無念だったと思います」

ボランティアの対象が何だったのか、高田は聞いていない。老人や障害者など、さまざまな福祉を考えていたのだろうと察する。だから、玲子の死後、小倉があちこちに寄付をはじめたことに、とくに違和感は覚えなかった。玲子の思いを汲んだ寄付と考えれば、辻褄が合うことだったからだ。

「静岡県（蒲原町）に一億円寄付したのは知られているかもしれません。でも、それ以前にも小倉さんは奥さんと一緒にそうした寄付をしていたようでした。北海道には出張をかねて二人でよく出かけていましたが、そうした旅行のなかで、おんぼろの教会に巡り合ったとき、神父さんと話をし、教会にお金がないと聞くと、小倉さんは『では』とポンと改修費を出していたという話を聞きました。それはまだ奥さんがいたときの話です。つまり、二人は後年の予行演習をしていたんじゃないかと思います」

したがって高田は、玲子の死から二年あまり後につくられたヤマト福祉財団には、そんな玲子夫人への思いがあっただろうと考えている。

「そう考えないと、つながらないですよね」

そのヤマト福祉財団の設立にあたって実務をこなしたのが高田だった。

真意はどこに

高田はもともと運送業界の業界紙記者で、一九六〇年に大和運輸に取材に行ったのが小倉との関係の始まりだった。小倉はまだ営業部長の時代だった。その後高田は全日本トラック協会に引きぬかれて同会の職員となるが、そうなることで小倉との交遊は一層深まることとなった。

ヤマト福祉財団がつくられるときには、その準備段階から高田は協力を求められた。

「トラック協会を六十歳でやめたときに、小倉さんから折り入って話があると呼ばれたんです。銀座の松屋の裏にある小さな小料理屋でした。何だろうと聞いてみたら、福祉財団をつくりたいと言う。『ついては、ちょっと力を貸してくれないか』と言われたんです」

福祉で財団活動をする。思わぬ話に驚いて耳を傾けると、小倉は本気だった。福祉の対象は障害者で、自分が保有する株券をその原資にすると続けた。自身はヤマト運輸の株券を三百万株あまりもっているが、そのうち二百万株を売却すれば二十億円にはなる。それを元に財団をつくるので、高田さんに手伝ってほしいと思っているのだと。

その言葉は一つ一つ、ずいぶん前から考え込まれたようだったと高田は言う。

「『彼らは弱い存在で、救いたいと思っていた。福祉の仕事はしたことがないが、あなたならすこしわかるでしょう』と言うわけです。私は幼い頃に小児麻痺をやっていたので、障害者手帳をもっていました。そんな背景も踏まえていたのだと思います」

高田には常務理事の役員になってほしいというのが具体的な依頼だった。高田はそんな力量はないと固辞した。関わるならヤマト運輸の人がやるべきだろうとも思った。だが、小倉は引き下がらなかった。この財団は、運輸省からの天下りが入るような組織にはするつもりがないし、ヤマトの役員を囲う場にはしないと主張した。

考え込む高田に対し、小倉は理詰めで畳み込むように説得をしてきた。私が二十億円出すのだから大丈夫だ、その思いを考えてくれ――。小倉の人間性に信頼を置いていた高田はその思いを受け止め、財団設立に関わることになった。

その始まりを高田は忘れられないと振り返る。

一九九三年春、銀座にあるヤマト運輸の中にある設立準備室にいたところ、小倉が三越の紙袋を二つ、両手にさげて入ってきた。

「これを頼むよ」

無造作に高田の横に二つの紙袋を置くと、小倉は部屋を出て行った。あまり意識しないまま夕刻を迎え、高田は帰路についた。だが、途中で紙袋を思い出すと、中身が気になりだした。不安になって会社に引き返すと、中に入っていたのはヤマト運輸の株券二千枚（千株単位）だった。当時の株価は千二百四十円。二十四億八千万円の有価証券がむき出しのまま置かれていたのだった。

「まさかそんな雑に扱っているとは思いもしなかった。慌てて、当時のヤマトのメインバンクである富士銀行（現みずほ銀行）の貸金庫に預けに行きました」

福祉財団は設立に際して小倉からの資金だけでなく、ヤマト運輸本体や社員からも寄付を募った。その結果、二十七億円という基本財産となった。厚生省から認可を得たのは一九九三年九月十日のことだった。その目的は定款でこう記した。

〈第3条　本財団は、障がい者の自立及び社会参加に関する各種の活動に対し幅広い援助を行い、もって、障がい者が健康的で明るい社会生活を営める環境づくりに貢献することを目的とする。〉

と記した。

障害の種類には身体や精神などの区別はなく、また、単なる援助ではなく、「自立」を目的

日本で企業の寄付や社会貢献活動が一般的になったのは八〇年代後半のバブル経済の時期だが、この時、世間ではすでにバブル経済は弾け、企業からの寄付活動や慈善活動が急速に減っていく時期だった。財団設立が運送業界で伝わると、喝采よりも批判的なトーンの声が少なくなかったという。

「『私財をはたいて、小倉さんは何をやっているんだ』『狂ったんじゃないか』とさんざんな言われようでした。けれど、小倉さんは一向に気にしていなかった。それどころか、『株なんて、ただの紙切れだから』と語っていた。もともとお金やブランド物といったものに興味がある人ではなかったですが、紙切れという言葉は小倉さんらしい表現でした」

小倉も財団の設立はうれしかったのだろう、設立祝いのあいさつで妻・玲子のことに言及していたようだった。当時の俳句に妻のことに触れて詠んでいる。

〈秋の日や祝辞の結び妻のこと〉

妻のことと福祉活動の関わりについて、このときよりほかに小倉が公にしたものはない。書籍をはじめ、インタビューなどでも福祉財団については違う文脈でしか語っていない。自著ではこう記した。

〈会社経営を離れたら何をするか。お世話になった社会への恩返しに、福祉の仕事をしたいと思った。（略）設立の目的は、心身に障害のある人々の「自立」と「社会参加」を支援することである。身近に障害者がいたとか、特別な動機があったわけではない。ただ、障害者は同じ人間として生まれながら、自分の責任ではないのにハンディキャップを負っている人が多い。日ごろ、お気の毒だなと感じていた。〉（『経営はロマンだ！』）

言ってみれば、まったくの博愛精神にもとづいて、福祉活動をはじめたということだ。

小倉に関わってきた人で、その精神を疑った人はいない。もとよりクリスチャンである小倉はキリスト教的博愛精神や正義感に富んだ人物という評はそのときに始まったものでもなく、長い事業活動のなかで認められてきたものだ。

だが、同時に、深く小倉を知る人ほど、小倉の福祉への傾倒はもっと個人的なものだろうという確信をもっていた。その要因の一つが、玲子の喪失だった。

小倉がプロテスタントからカトリックに改宗したときの神父で、玲子の葬儀を執り行ったカトリック麻布教会の小林敬三神父（現カトリック西千葉教会司祭）には、福祉への取り組みは、逆に、小倉自身が救いを求める活動のように映っていた。

「小倉さんは名経営者として知られている人ですが、それ以上に、一人の人間として素晴らしい人でした。それでも、奥さんを喪ったときの悲しみようは、それまで数年間毎日つきあってきたなかで一度も見たことがないほど、激しく動揺したものでした。その苦しみから逃れるため、小倉さんには救いが必要でした。そう考えると、福祉財団という活動に駆り立てたのは、障害者を支えるという思いと同時に、ご自身の救済という意味合いがあったのではないかと思うのです」

たしかに長年手がけてきた運輸事業から離れるという時期に、家庭の支えだった妻が突然いなくなるという事態が加われば、何か別の支えや目標を求めるのは不思議ではなかった。そして、福祉活動をしたいというのは妻のたっての希望でもあった。その意味で、小倉が玲子なきあとに、玲子の意を汲んで教会への寄付や福祉活動に取り組んだのは、きわめてまっとうな論理だった。

だが、疑問もあった。もしそうであるなら、なぜ小倉は福祉活動に際して妻のことを公言しなかったのだろうか。

小倉は事業以外の私的な生活について、その大分を玲子に依拠し、また、影響されて生きていた。前述したように、プロテスタントからカトリックに改宗したのも玲子の影響なら、俳句をはじめたのも、北海道や長崎などの旅行で教会めぐりをしたのも玲子の影響だった。夫唱婦随ならぬ婦唱夫随的な関係がそこからは浮かんでくる。

だとするなら、なぜ小倉はそれを表にしなかったのか。

もし私財をすべて投じて行うほどの行動の動機が妻にあったのだとすれば、小倉は素直にそれを表現していたと考えるのが自然だった。小倉は慎み深く、自らの手柄を語るのをよしとしない謙虚な人物だった。もし妻に福祉活動の源流があるのなら、きっと小倉は妻のことを正直に、あるいは、誇りをもって語ったはずだった。

だが、実際にはその動機については、福祉にありがちな型どおりの文言でしか語らなかった。なぜだったのか。

そのヒントになりそうな話が玲子の死にあった。

なくなった日の夜、小倉家にかけつけた一団は、これまで見たことのない小倉の激しい動揺を目にした。横たわる玲子の枕元に小倉は寄り添い、人目も気にせず、ありったけの悲しみを表現していた。

「小倉さんは泣き崩れながら、玲子さんにお別れのキスをしていました。小倉さんは極限の地の姿を出されていました」

集まったのは近しい人だけだったが、そのなかの一人の男性はひとつ胸にひっかかる言葉を耳にしていた。玲子が葉山のマンションで発見され、救急に搬送された。その緊急時の話に触れた際、病による自然死ではなかったことが無念、というニュアンスの言葉を小倉家の関係者から耳にした。その人物は「えっ」と驚いたが、状況的に詳しく尋ねることは憚《はばか》られた。

そして、その晩も、あるいは葬儀の日も、そのことについて小倉に尋ねる人はいなかった。また、小倉も語らなかった。そのままその驚きは胸の内にしまいこまれることになり、話題として忘れられていった。

しかし、とそのとき耳にした男性は首を傾げた。

「もしそれが事実だったとするなら、なぜ奥さんはそんなことをなさったのでしょう。また、何が原因でそんな選択をしなければならなかったのでしょう。それは外部にはわからないことでした。また、あまりに機微に触れることで、小倉さんには軽々しく聞けないことでした」

ただ、と、彼は続けた。

「その語らなかったところに、小倉さんの本当の思いがあったのかもしれません」

第2章
経営と信仰

朝日新聞社

小倉昌男の父・康臣が「大和運輸」を設立した
(写真は一九六〇年代のもの)

旧友の回想

低い声ですが、お腹から声が出て、地声がよく通る。あれは義太夫や長唄をやっていたせいでしょうね――。

銀座七丁目の福原ビル。春の午後の時間、資生堂の元会長、福原義春を訪ねた。福原はなつかしい方ですと目を細めて小倉昌男の生前の勇姿を振り返った。二人は、銀座界隈で長く続く邦楽を嗜《たしな》む旦那衆の会合「くらま会」の仲間だった。かつて同会の会長を小倉が務め、その後福原がその任を務めた。福原は同じ経営者として敬意をもっていたと語った。

「いまのようなネットワークがない時代に独力で配送ネットワークをつくりあげ、事業のために国の規制と闘った。経営者として立派な方でした。実際に会うと、落ち着きがあって、人の心に響く話し方をする人でした」

銀座のロータリークラブでは毎月会う機会があったが、そうした場で小倉が自社の事業の話をすることはなかった。経営者として、商いの話は控えるのが小倉の嗜みだったのだろう。ところが、福祉財団を立ち上げると、障害者福祉の話は会合でたびたびしていた。福祉への取り組みは小倉らしい正義感の発露ではなかったかと福原は考える。

「あの分野に本気で取り組めるのは、人物が大きいからです。小倉さんのことはくらま会の誰もが尊敬していたし、一目置く存在でした」

そうした存在だっただけに、妻を喪った頃の小倉は印象的だったと福原は言う。

「たいへんな力の落とし方でした。たしか奥さんは広尾にブティックをもっておられましたよね。そうしたことはお話しになっていた。あの頃の小倉さんは非常に弱気でした。そのショックの様子から、さぞ小倉さんは大事になさっていたんだろうなと思いましたね」

小倉は五冊の自著のなかで、事業の足跡や組織論、戦略論などさまざまなことに言及しているる。そのなかでは自分自身についても語っているが、ほとんど触れることがなかったのが妻や子どもなど家庭の話題だった。唯一触れたのが日本経済新聞の連載「私の履歴書」をまとめた『経営はロマンだ!』だった。

だが、そのほかにもう一つだけ触れていた記事があった。

取材の途中で、福原は「この辺は読んだことがないでしょう」と自身が保有する雑誌のコピーを渡してくれた。財界人の同人誌だった。そのなかに、玲子との出会いのくだりを小倉が記した一文があった。

〈ある日、専務の奥さんから見合いをしないかと言われた。相手は同じ(茶道の)先生の所へお茶を習いにきている子で、蒲原のちゃんとした家の娘だという。感じの良い子だったので暫くデートを重ねているうちに、お互いに好意を抱くようになり、結婚の約束をした。双方の親も了承したので、秋に私が東京の親会社に復帰したのち、式を上げることに決まった。〉（「季刊　ほおづえ」第五号）

記事は小倉が出向先の静岡運輸にいるときのことを振り返ったものだった。

玲子は聖心女子大を卒業して地元・静岡に帰って教員をしていた。小倉が三十一歳、玲子が二十四歳だった。

小倉は一九二四年（大正十三年）十二月、大和運輸の創業者、小倉康臣の次男（長男は幼少時に早世）として東京・代々木に生まれた。小倉自身は紳士的な教育を受けるエリートとして育ったが、父の康臣は叩き上げの人物だった。

〈父は太っ腹で大胆な性格の人だった。〉（『経営はロマンだ！』）

そう小倉自身が書くように、小倉とはずいぶん異なる人物だった。

父・康臣は一八八九年（明治二十二年）の生まれで、実家は銀座の数寄屋橋交差点近くにあった「川善」という名の原料紙問屋だった。女きょうだいが多く、八人目の三男という子沢山の家庭だったことから、八三郎と名付けられた（のちに康臣と改名した）。

勉強熱心で努力家だった八三郎は東京外語学校の夜学で英語を学び、工場などで働いたのち、二十四歳で手車による移動販売の「挽き八百屋」として独立。京橋の大根河岸で野菜を仕入れ、銀座、新橋、芝、赤羽橋を回って販売するルートで移動商売をしていた。

挽き八百屋という商売をしながら、こつこつと資金も貯めていた康臣だったが、一九一九年九月、彼にとって衝撃的な事件が起きた。日本初の交通整理が銀座で行われ、牛馬車が締め出された。自動車が走ったのである。

〈「交通界の革命だ。これからはスピードの時代だ。」と痛感したのであります。〉(『大和運輸五〇年史』)

となれば、手車の時代が早晩終わることも想像がついた。二ヶ月後、その劇的な変化に対応すべく、康臣は素早く手を打った。それが自動車を投入した運送会社「大和運輸」の設立だった。

新進の自動車企業などを研究しながら株式会社を立ち上げ、四台のトラックを導入。いち早く自動車による運送会社を開業した。三越百貨店の市内配送を請け負って、東京における運輸業者の地歩を固めた。一九二三年の関東大震災では大和運輸も被災し、本社も焼けたが、その苦難も事業の糧として大和運輸は発展していった。

昌男が生まれたのは、そんな慌ただしい時期だった。

康臣は事業に積極的だった先進的な気性の反面、怒鳴ることも珍しくない明治生まれらしい父親だった。対する母・はなは〈父とは対照的に地味で堅実、控えめな人だった。〉（『経営はロマンだ！』）という。

小倉はそんな両親を複雑な思いで見ていた。

〈せっかちな父は、家に帰ってすぐに食事ができないと、怒って皿や小鉢を母に投げつけた。子供には甘い父だったが、母にはしばしば乱暴な態度を取った。母はどんな時にもじっと我慢していた。私や兄弟は怖くて物陰に隠れ、じっとしているしかなかった。だが、私は成長してから家族に優しくすることを心がけるようになった。父を尊敬しつつも、反面教師としたからである。〉（同前）

こうした父を反面教師とした家族への思いは、その後の小倉の歩みに少なからず影響を与えている。

戦後、大和運輸は進駐軍の輸送業務を請け負って業務を復調させたのち、独占業務を廃された国鉄（現ＪＲ）の通運事業（鉄道貨物輸送）にも参入した。通運事業とは、荷主の貨物を鉄道の駅まで運び込み、また、到着駅から運び出して輸送する事業で、当時は日本通運や福山通運などが代表的な企業だった。

その後高度成長期に際しては、戦前からの三越などの百貨店配送のほか、松下電器産業や三洋電機（ともに現パナソニック）、シャープなど関西からの電機製品の長距離配送を担うことで成長した。道路事情が次第によくなり、トラックの輸送能力も高まってきたことが背景にあるが、この分野に関しては西濃運輸や福山通運など地方の企業が大きなシェアを占めており、大和運輸は後塵を拝する状態だった。大型で長距離というのが運送業界では花型だった。

一九五九年入社で労組委員長を務めた伊野武幸は康臣の時代を知るひとりだが、当時の大和運輸は康臣の経営判断で時代に乗り遅れていたと振り返る。

「康臣さんは『箱根には妖怪が出る』と言って、箱根より西には出るなという方針でした。いまでも箱根は坂やカーブがきついですが、そのせいで当時は事故が多かった。その事故を出したくなくて長距離への進出を控えていたら、あっという間に家電の時代がやってきた。次から次へと新しい商品が関西で生まれ、関東に運び込まれてくる。それで、関西の運送会社に大きなシェアをとられてしまったわけです」

そんな経営判断だった康臣は、息子の昌男とはまったく違うタイプだったという。

「康臣さんは昔の人で、強引な性格。いわゆるワンマンな人でした。昌男さんは現場に出向いて社内の端々まで目や気をくばる人でしたが、康臣さんはそういうことはまったくしなかった。むしろ管理職だけを見ていて、部長が自席にいないだけで激怒するようなところがありました。創業者らしいとも言えるでしょう。一方、昌男さんは静かで無口。きびしいところもあるけど、やさしさがありました。そして、なによりエリートらしい品と教養がありました。それには東大出身というよりも、東京高等学校出身だったことが大きかったように思います」

東京高等学校、通称「東高」は官立の旧制高校で、中学にあたる尋常科で四年、高等科で三年という七年制をとる名門だった。事実、同校からは、大蔵事務次官や検事総長、国連大使といった国の要職から旧財閥系を含む各種財界トップ、あるいは作家の星新一や読売新聞の渡邉恒雄といった文化人まで、日本の英知が数多く輩出された旧制高校だった。

小倉にとって、東高の友人はもっとも親しい人間関係だった。伊野は小倉が東高出身者との付き合いをいちばん大切にしていたのをよく覚えている。

「小倉さんにはさまざまな方面でお付き合いがありましたが、個人として一番大事にしていたのは東高の関係でした。OB会の評議員や理事もやっていたと思いますが、実際、気兼ねしない仲間というようなことを話していた。中学・高校という多感な時期ですし、楽しかったのではないかと思います」

小倉自身、自著で〈その後の人生を振り返ってみると、中学の選択が大きな岐路だったと思う。〉（『経営はロマンだ！』）と記すが、自由な校風のもと、青春を存分に謳歌した。東高時代はテニスに打ち込み、寮生活を楽しんだ。また、学校をさぼって新宿に遊びに行くような一面もあった。

幡代《はたしろ》尋常小学校、東高、東大と長きにわたって同級生だった藤岡眞佐夫は、小倉のそんな一面を覚えていた。取材当時九十歳という年齢に届かんとする年齢の藤岡を訪ねると、しかし、六〇代かと思うようなテキパキとした話し方で旧友を振り返った。

「東高は自由で紳士的な校風ながら、『君たちは指導者になる人たちです。エリートとして、しっかり行動するように』といった訓示を学校でしていました。実際、生徒にもそんな紳士たれという意識があった。反面、生徒にはバンカラを志向するところもあって、小倉くんも当時はそんな感じだったのだと思います。彼には茶目っ気があって、カーテンに隠れてタバコを吸っていたり、新宿の（レビュー劇場の）ムーランルージュに遊びに行っていた。背伸びしたいところもあったと思いますが、学校のルールや権威に反発したいところもあったんじゃないかと思います」

藤岡は幼い頃は小倉の自宅に遊びに行き、女中が同居する小倉の暮らしも目にしている。一方、小倉にとって、藤岡は「一人だけ（成績で）全然かなわない」と白旗をあげた人物だった。実際、藤岡はのちに大蔵省（現財務省）に進み、アジア開発銀行の総裁も務めた俊英だった。

ただし、藤岡は幼い頃は小倉の家が大和運輸ということは知らなかった。大人になってそれと知り、小倉が宅急便事業を起こし、ヤマト運輸が運輸省と規制でもめるようになって、小倉の事業や小倉らしさを思い出した。

「彼が主張していた自由競争は正しく、私も賛成でした。わざわざ（大蔵）省内で言うことでもなかったので、それを表立って支持するようなことはなかったけれどね。東高の同級生で集まる会はしばしばありましたが、そういう場で彼が仕事の話をすることはありませんでした」

藤岡と小倉は幡代尋常小学校の同窓会「子午会」や東高出身者のOB会など重なる会合がよくあった。そのうちの一つが、年数回、那須ゴルフ倶楽部で泊まりがけでゴルフを楽しむ「那須東高会」という集まりだった。その那須東高会に、小倉はよく妻の玲子を伴って来ていたという。

正直言って、と笑いながら藤岡が回想する。

「彼はゴルフはあまりうまくなかった。素振りを長く練習して丁寧だったけど、あまりいい成績ではなかった。あまり彼には向いていなかったのかもしれない。それでも、奥さんと一緒にみんなと話すのが楽しかったようで、一時期はよく来ていました。ただ、奥さんがなくなったあとは、しばらく来なかったように思います」

そう話したあとで、藤岡は「そう、そうなんですよ」と独りごち、しばし記憶をいくつか確認するように時間を置いた。そして、そう、彼はわりと家庭では不遇だったんです、と話を継いだ。

「振り返って考えると、彼には気の毒なことがたくさんあったんですね。若い頃は恋愛問題でつらい別れがありました。結核にかかって死にそうになったこともある。もっと幼いときにはじつのお母さんが早くになくなっていて、その後、再婚したお母さんもすぐになくなった。そして、大人になってからは奥さんが早くになくなられたでしょう。その後、奥さんのお母さんと一緒に住んでいたけど、そのお母さんもなくなった。そして、たしかお嬢さんのことでもご苦労された」

だから、と、すこし置いて藤岡は話す。

「彼は裕福なうちに生まれて、また、事業の面でも成功されて、そういう面では非常に幸せだった。けれど、家庭の面ではいろいろと気の毒だなと思うことが多かった。そういうところが小倉くんにはあったんですね」

そう藤岡が語るのを聞いた時点では、まだその指摘の重要さには気づいていなかった。

恋人のくれた聖書

海岸線までわずか百メートル。道を歩くと、潮の香りが街路にほのかに漂う。

東海道本線が海岸線近くを走る旧蒲原町新田、現静岡市清水区蒲原新田のあたりはいまでも水揚げされるサクラエビが名産の街だ。

旧姓望月玲子は一九三二年（昭和七年）二月、そんな海に近い街に生まれた。望月家は蒲原町に古くからあり、合併前の町の頃は町議など名士を輩出する家だった。玲子の父・貞一も町長選に立ったことがある人物だった。小倉は随筆でこう描いている。

〈（望月貞一は）男気の強い人で、擦れ違った見知らぬ人が哀れだったので、着ていた服を遣って裸で帰宅したというエピソードの持ち主だった。花札が好きで、年中誰かと札を引いていた。〉（「季刊　ほおづえ」第五号）

玲子は一人っ子として生まれ、大事に育てられ、当時の女性としては珍しく、中学校から私立学校へと通った。小学校は地元の蒲原尋常高等小学校（現蒲原西小学校）に進み、中学は東海道線で三十分ほどの静岡不二高等女学校（現静岡雙葉中学校・高等学校）に進学した。一九〇三年にできたカトリック系女学校だった。

玲子の死後、小倉の寄付によって小倉玲子福祉基金が設立されたとき、同じ静岡不二で一緒に通学をしていた女性がこんな感想を送っていた。

「玲子さんはひとつ年上で、やさしい上級生でした。同じ新田（地区）、学校も同じ雙葉ということで、いつもいっしょに電車通学をしていました。やさしいお人柄が全体の雰囲気にあらわれるような人でした。いい結婚をなさって、お幸せに暮らしていらっしゃると聞いていただけに本当に残念に思います」

高校卒業後、玲子は上京し、聖心女子大学に入学した。美智子皇后の三期上で、作家の曽野綾子と同期だった。

伊達カルメル会修道院の岡洋子によれば、当時の聖心女子大学は良家の子女がよい教育を求めて集まる学校だったという。

「当時はまだ女性が入る四年制大学はほとんどありませんでした。だから、聖心は自然と教育熱心な親御さんが子どもを入学させる学校になっていました。基本的には東京出身者が多いのですが、地方のミッションスクールを出た方も少なからずいらして、そうした人たちは寮に入って暮らしていた。玲子さんもそんなお一人でした。私は文学部で歴史を専攻しましたが、玲子さんは英文だったように思います」

聖心での玲子は、社交性はあまり高くなく、おとなしいタイプだったという。

「当時、曽野綾子さんが卒業後すぐに作家としてデビューし、注目されました。彼女は信仰を隠さず、マスコミにも積極的に話をされて同級生から尊敬されていました。私は信仰の道に進もうと決めましたが、玲子さんは卒業後、母校（静岡不二）で英語の教師になられた。それを聞いて、お仕事の道に進むとはしっかりした方なのだなあ、と感心した覚えがあります」

一九五三年当時、高等教育を受けて働く女性は「職業婦人」と呼ばれていた。まだ数は圧倒的に少なく、珍しい存在でもあり、期待を背負うような存在だった。教員として地元静岡に戻った玲子は、そんな職業婦人として新しい女性像を歩みだす一人だった。

だが、その期間はあまり長くは続かなかった。小倉との出会いがあったからだ。

一九五四年、小倉は大和運輸が経営再建で手を貸していた静岡運輸に総務部長として出向することになった。静岡運輸での小倉の業務は労働基準法に違反しない給与規定を制定することや、事故の示談をはじめとする運送の現場におけるさまざまなトラブルの対応だった。

その小倉が玲子と出会うことになったのは、静岡運輸の専務からの口利きだった。そして、二人はレストランでお見合いをし、交際を開始した。双方の家で交際が了承されると小倉は玲子の実家に暮らすことになった。

〈下宿の不味い飯にほとほと参っていた私は、渡りに船とばかりに引っ越した。彼女の家は、田舎には珍しい立派な構えで一人っ子の彼女は二階ふた部屋を使っていたが、そこへ私が転り込んだ訳である。実態は、下宿というより同棲であった。〉（同前）

そして一九五六年十月、出向が解け、小倉が大和運輸に戻ったタイミングで、二人は結婚した。

結婚してまもなく玲子の父の貞一は心筋梗塞で急逝した。当時の蒲原での葬儀は数日をかけて行うものだった。葬儀には隣組や近隣の人たちが花輪や盛り物などをもって行列をつくって歩き、小倉を先頭に数百メートルもの長さになったという。東京育ちの小倉はそうした慣習に戸惑ったとも述べている。

その後まもなく、小倉は玲子の母・きみゑを引き取り、一緒に暮らすことになった。蒲原の家は誰もいなくなり、道路の拡張工事で取り壊され、跡形もなくなったという。


若い二人がどういう面で惹かれ合ったのか、詳しいことは残されていないが、二人の間に通じ合うものも確かにあった。キリスト教への信仰である。

玲子は中学でカトリックのミッションスクールである静岡不二に進学しており、学校生活の中でカトリックの教えを体得していた。小倉は家や学校でキリスト教に触れる機会はなかったが、大人になってから救世軍に入信していた。

小倉がクリスチャンになったきっかけは二つある。大学卒業後の結核による長い入院生活とその当時つきあっていた女性との関係だった。

小倉は東高から東京大学経済学部に進学したが、太平洋戦争の戦況の悪化で一九四五年六月、学徒出陣に駆り出される。二ヶ月で終戦を迎えると、物資不足を背景に、学友たちと小遣い稼ぎに人工甘味料のサッカリンを製造しはじめる。それが思わぬヒットとなり、一九四七年十月、小倉は大学卒業と同時に、緑化成という株式会社をつくって運営に乗り出した。

その緑化成で事務員として雇った女性と小倉は恋におちた。女性は父親が戦犯で中国に抑留されており、家計を養うために働くことになっていたが、青山学院を卒業したばかりの才媛でもあった。緑化成で働くのは小倉と女性だけで、長い時間一緒にいるうちにデートにも出るようになった。

小倉は父の要請もあり、一年で緑化成をやめ、一九四八年九月、大和運輸で働くことになった。そこで小倉は父に女性の話をしたが、父にはすげなく拒否されてしまった。

〈二人ともあきらめきれない。暗い気持ちになり、毎晩のように寒い公園のベンチで、駆け落ちの相談をするようになった。そのうちに私は風邪を引いてしまい、高熱を出すようになった。一九四八年のクリスマスのころである。〉（『経営はロマンだ！』）

その高熱は重症の肺結核のためだった。

小倉はただちに入院すると、安静な生活を強いられた。当時、結核といえば「死の病」と言われ、生命に関わる病気とされた（結核予防法が成立したのは一九五一年）。事実、小倉の継母・芳は小倉の東大時代に結核でなくなっている。絶望的な気持ちで、小倉は入院していた。

その間、小倉にはキリスト教に触れる機会が二つあった。一つは交際していた女性で、彼女は小倉の心を安らげるため、小倉に聖書を贈った。もう一つは父から紹介された救世軍の牧師（大佐。救世軍では軍隊式の階級制）だった。身体を思うように動かせない絶望の日々のなか、牧師はキリスト教の教えで小倉を慰めた。

小倉は東大病院で手術を受け、片肺を潰して、一命をとりとめたが、その後二年半もの間リハビリを続けた。付き合っていた女性とは別れることになったが、彼女からもらった聖書は大事にとっていた。そして、リハビリ生活ののち、小倉は救世軍に入信した。

大和運輸に入社した途端の休職だったため、リハビリを含めて都合五年間、小倉は実社会を離れていた。胸の苦しさはなかなか抜けず、いつ死ぬかもわからない。戦争も終わり、大学も出て、ようやく社会に出るというタイミングで、五年もの間蟄居《ちっきょ》しなくてはならなかった。そして好きだった女性とも別れなければならず、人生は自分の思うようにならない。自らの生と死に向き合わねばならなかった五年間は、小倉のその後の精神形成に大きく影響していると見る人は少なくない。

一方、玲子はその期間、東京の聖心女子大学で学ぶ日々だった。玲子は寮生活をしながら、学校で学業や信仰を学んでいた。

こうした日々を経たあとに、二人が静岡で出会ったとき、キリスト教への信仰が二人の結びつきに彩りを加えていたとしても不思議ではなかった。

結婚翌年の一九五七年十一月、二人は第一子の長女・真理を授かり、その三年後の一九六〇年五月、第二子で長男の康嗣を授かった。

会社では小倉は百貨店部長から路線トラックの営業部長などを担当し、日々進展している物流業界の前線を拡大する仕事に就いていた。百貨店部長時代には三越のほかに有楽町そごうの配送にも業務を広げ、営業部長時代には関西のメーカーの荷受をする長距離・大口輸送へと業務を拡大した。日本は本格的な高度経済成長期へと突入し、同業他社との競争が激化してきた時期。その最前線に小倉は立っていた。

小倉は業績を上げようとさまざまな挑戦を試みた。小倉は一九六一年に取締役となり、経営に参画するようになったが、その分家庭はほとんど顧みることがなかった。ひたすら仕事一筋だったのがこの時期だった。

だが、日本が未曽有の景気で沸きたった高度成長期、大和運輸は必ずしも順風満帆とは言えなかった。

そして宅急便は生まれた

六〇年代、運送業界の花形は長距離輸送だった。業界大手とされたのは日本通運、福山通運（広島県）、西濃運輸（岐阜県）。これらの会社は「東海道御三家」と言われ、日々整備されるバイパス道路を味方につけ、関西と関東を結ぶ大動脈の輸送路を広げていた。

伊野武幸は、六〇年代は厳しい時代だったと振り返る。

「松下電器産業をはじめ、家電の都は関西。そこから関東に大量に貨物が送られる。ところが、当時の社長、康臣さんは当初『箱根から向こうは行かない』と守りに入った。それで長距離輸送の参入が遅れた。当時大和運輸が主力でやっていたのは一般の路線雑貨で、カルピスや明治製菓、森永製菓などが顧客でした。長距離の大阪線に参入したのは一九六〇年頃ですが、すでに圧倒的に他社に負けていました」

当時、こうした運輸事業には運輸省による路線免許という認可が必要で、それなしに営業はできなかったが、大和運輸はその免許の申請に出遅れた。また、もともと東京圏の小口配送を得意としてきた大和運輸にとって、長距離輸送は大型トラックとその営業所の設置など投資も必要で、その準備にも遅れた。

当時の大手の本拠地はいずれも地方であり、集配センターや駐車場、営業拠点といった不動産の設置コストは東京の大和運輸よりも安くできた。また、東京と地方では賃金の格差も大きい。東京に本店を置く大和運輸では長距離輸送はどうしても不利にならざるをえなかった。そのために、大和運輸は出遅れ、大手がすでに手をつけた得意先に後手で営業をはじめざるをえなかった。

こうしたなか、小倉にとってショックなことがあった。一九六三年、神戸大学経営学部の占部都美《くによし》教授が出したカッパビジネス・シリーズの『危ない会社』という本に、実名で大和運輸の名が挙げられていたのだ。「危ない」とされた根拠は、利益率が低く、資本金が少ないことだった。

〈当時のヤマトは、同業に比べどの点でも劣っており、悔しいけれど危なくないぞとは反論できなかったのであった。〉(『やればわかる　やればできる』)

年々利益率が下がるなか、多様に得意先を広げることで、大和運輸は経営を改善させていったが、次第に厳しい選択をとらざるをえなくなった。伊野が言う。

「水道や電気など目先の節約はどの営業所でも徹底されました。と同時に、経営陣も社長を除いて、重役の社用車は廃止。正社員の首切りはしないかわりに、労使どちらも頑張って、厳しい局面を乗り越えようという方針でした」

小倉は経営陣になった直後から、大和運輸の新しい方向性を模索していた。なかでも強い影響を受けたのがアメリカの商業荷物の配送業者、ＵＰＳ（ユナイテッド・パーセル・サービス）の視察だった。当時、日本では小荷物配送は郵便局だけの独占事業だった。広大なアメリカの商圏でなぜ小荷物だけでビジネスが成立するのか。小倉は荷物の密度や料金設定、配送センターの荷物の仕分けシステムなどを詳細に研究した。だが、当時、小荷物配送は想像すらできない夢の事業だった。

当時の運送業の基本は売上を立てられる荷主、つまり、大量の荷物を出荷する荷主をいかに見つけるかが重要であり、そんな荷主の多くは事業者（とくに製造業者）だった。数も重量も需要が見えない一般家庭の荷物を扱うなど事業として考えるまでもなかった。

もし一般家庭の荷物を扱うとなれば、それを集める仕組み、長距離・短距離と分配する仕組み、それをルート別で配送する仕組み、そして、個々の地区から一般家庭に届ける仕組みが必要で、さらにそれを支える集荷システムや料金体系も構築が必要だった。それができているのは、全国各地に拠点と物流システムがある郵便局だけで、民間の事業者でその高いハードルを超えて参入しようと考える運送業者は誰一人いなかった。

いまでは想像しにくいが、当時、一般家庭で荷物の配送をしたいと考えたとき、その選択肢は郵便局に持ち込む以外ないのが実情だった。

一方、大和運輸は六〇年代から七〇年代に入っても、経営的な苦難は一向に改善されなかった。

各方面に顧客をつくって取引を増やしたにもかかわらず、利益率は下がった。増え続ける人件費やトラックなどの投資で経営は圧迫される一方だったからだ。

一九六六年入社の岡本和宏は、当時の社内は非常に暗かったことを覚えている。

「当時新卒入社で大卒は七人、何のコネやつながりもない新卒は私だけでした。入って驚いたのは社内の空気がやたら暗かったこと。勢いがあるのはお中元とお歳暮の時期だけでした。ただ、私の配属は当時はじまったばかりの国際航空貨物。例外的に活気のある部署でした。アメリカへの輸出がすごくて、数年後にはアメリカに行く準備をさせられました」

苦しい状況のなか、大和運輸は創業五十周年を迎えようとしていた。

ところが、その矢先に社長の康臣が脳梗塞で倒れた。小倉は専務として実質的に経営を指揮する立場になっていった。

何かいい方策はないか――。そんな議論を小倉と熱心にしていたのが、当時日本トラック協会（現全日本トラック協会）で職員をしていた高田三省だった。高田は業界紙から引きぬかれ、同協会で職員をしていた。そこに小倉から持ちかけられたのが、若い経営者のための勉強会の設立だった。

「当時トラック協会の主流は康臣さんの世代でした。彼らの世代は馬車やオート三輪が主体の頃からいる明治生まれの古い人たちで、トラックをはじめ物流業界の進歩にはついていけていなかった。そこで、小倉さんは自分のような二世や新たに起業したような若い経営者で、新しい経営や新しいビジネスモデルの研究をしようという話をした。そこで小倉さんは私と一緒に、そうした若い世代に声をかけて、勉強会をつくった。それが全国運輸事業研究協議会（全運研）でした」

全運研は毎月の会報発行に加え、年一回の会合などを展開した。新しい物流の潮流や経営モデルを紹介するのが目的だったが、事実上、小倉昌男の独演会だったと高田は言う。

「端的に言って、小倉さんほど頭がいい人はほかにいなかったし、会員もみんな小倉さんの話が聞きたくて会に入っていた。だから、基調講演などは毎回、運輸業界の抱える問題点や目指すべき方向性など斬新な視点が語られたものでした」

そうした全運研の会報や講演で、小倉は発足当初から国の規制の不合理性について鋭く批判していた。法律だけでなく所管官庁である運輸省の通達などで自由に事業ができず、産業の発展が阻害されている――。運輸省からの天下りもあるトラック協会では絶対に聞けない自由で合理的な主張が全運研では語られていた。

大和運輸は、しかし、業績が年々悪化していた。石油ショックの影響もあり、一九七五年には過去最大の赤字となった。

そこには小倉自身の失敗もあった。長距離輸送が業界の主軸となっていく過程で、小倉は小口配送から大口輸送に徐々に切り替えた。だが、大口輸送は単価が安く、大量の数を運んでようやく元がとれるという利益率の低い事業だった。小口配送のほうが単価が高い＝利益率も高いと気づいて戻そうとしたときには、すでに離れた荷主は再契約を受け付けなかった。小口にも大口にも失敗する間の悪さ。このままでは本当につぶれてしまうかもしれない。本気で小倉はそう感じていた。

その厳しい条件下で生み出されたのが、一般家庭の荷物を集めて配送するという「宅急便」だった。それは、郵便局の事業分野に参入する途方もない計画だった。

郵便局以外で日本初の小荷物配送である宅急便の開発譚は小倉の著書をはじめ、これまでさまざま語られている。UPSを参考にしたこと、全国統一料金にしたこと、積載密度を高めたこと、集荷を代行契約で広げたこと……。

だが、こうした秘話の中でいままでまったく語られなかった話があると高田が言う。

「小倉さんが宅急便のアイデアを固めたきっかけは、佐川急便だったのです」

佐川と大和

佐川急便の案内には、創業のことはこう記されている。

〈1957年、京都―大阪間で一個のお荷物をお届けすることからスタートした当社は、以来50余年、「飛脚の精神（こころ）」を受け継ぎながら、お預かりした大切なお荷物を「お客様の心とともに」真心を込めてお届けしてまいりました。〉

創業時のフレーズとしてこの文言は間違いではないが、重要なことが抜けている。「法を度外視して」という言葉だ。

高田が運送業界の業界紙にいる頃から、佐川急便の噂は届いていたという。

「なぜなら、制度破りの業者として有名だったからです。道路運送法には細かく行政的なルールが規定されています。とくに昔は区域ごとの路線免許による許可制でもあり、非常に厳しかった。当然ながら、運送業者はそうした免許をとり、規則を守って営業しなければいけない。ところが、佐川は当時それを思い切り破って事業をしていたのです。基本的には京阪神が主体でしたが、次第に関東方面にも仕事を広げていました」

創業者・佐川清自身の評伝で、そうした法的な正当性については言及されていない。もともと戦後の混乱期に土木や建築の人足の佐川組を興した佐川清は、二人の子どもの教育のために組を解散。その後、「裸一貫」ではじめたのが荷主の注文に応じて小荷物を配送する飛脚業だった。当初は徒歩と電車、次に自転車、さらにオートバイを経て、トラックへと展開していった。その運搬方法は業界の規則にはとらわれないやり方だった。

〈荷主さまのご要望に応えることを最大の方針としている私にとって、先発・大手の業者にあきたらない思いを抱いていらっしゃるのを見過ごすわけにはいかなかった。

それなら私が、それら商品の専門業者になりましょう、ということになった。

ひと口に荷主さま本位、荷主さまのご要望にはどんなことでも応える、というが、辛いこともないことはなかった。〉（『ふりむけば年商三千億』）

高田はこうした話を、当時佐川から直接聞いていた。

あるとき、京都のさる素封家《そほうか》の娘が金沢に嫁に行った。その婚礼の直前、帯留めを実家に忘れているのに気がついた。そこでその素封家が佐川に泣きついたところ、佐川がよしと請け負って、トラックでひとっ飛び、運んだという。それは特別な料金だったが、帯留めのような小荷物でも輸送することで商売になると気づいた、と佐川は語っていた。

同様の話はほかにもあり、佐川の著書には、京都の西陣でつくった結婚衣装を島根の松江まで運ぶよう依頼され、届けた話などが披露されている。高田が続ける。

「のちに神奈川大学の教授になった中田信哉さんは、一九七〇年代当時、運送業界は荷主のメーカーや問屋を探すだけでなく、輸送のニーズを掘り起こすマーケティングが必要といった概念を提唱していた。それは新しい視点で、実際に小倉さんは影響を受けていた。けれど、実際には運輸業界は数々の規制に縛られていた。たとえば道路とトラックの関係でも、七トン車なら通れる道でも十トン車では通れない道があった。当然どの会社もそれを守って仕事をしていた。しかし、佐川はそうした規制や法律はすべて無視して、荷主の注文のままに運んでいた。そうして規模を大きくしていたんです」

東京・四谷にあるトラック協会の青年部の活動に突然ぶらりと佐川が訪ねてきたこともあった。当時は佐川は七社の仲間とともに、京都で京都運送研究会という団体をつくっていた。

一九七二年頃、東京に進出の打診に来たときも印象的だったと高田が言う。

「『ちょっと相談がありまして』と連絡があったので、四谷のトラック協会に来てもらったんです。そしたら、佐川さんは地下足袋に作業着といったとび職のような格好。聞けば、その格好のまま京都から東京に来たと言うんです。それぐらい豪快な人でした」

高田への相談は、佐川急便を東京に進出させたいという話だった。高田は、それまで聞き及んでいた法律違反の話など直接佐川にしたうえで、そうやって違反を続けている限りは東京進出は難しいという話をした。

実際に難しい事情もあった。当時は、一般区域貨物自動車運送事業経営免許、一般小型運送免許など運送事業の免許が分かれていたが、それらを新規で申請しても、許可されるまでに相当時間がかかっていた。高田はそんな事情を話したうえで、秘策も明かした。

東京ですでに営業している業者と提携すれば、営業拡大は可能だとアドバイスした。すると、佐川は東京の業者であてになりそうな業者は誰かいるかと尋ねた。そこで高田が紹介したのが日商運興業という会社だった。当時、東京都議会の都議が社長を務めていた会社で多くの荷物を捌ける事業規模の業者だった。すると、佐川はそこに渡辺広康という人物を連れてきて、トップに据えた。それが東京佐川急便の始まりだったという。

東京に進出してきた途端、佐川は本領を発揮した。やり口は横暴きわまりなく、日本橋の問屋街などで大和運輸が受注した集荷票を勝手に剝がして、佐川急便の集荷票を貼り付けて無理やり貨物を横取りする。狭い業界だけに話題はすぐに伝わり、ひどい手口だとトラック協会に情報が寄せられた。

こうした佐川の仕事ぶりと発展を小倉は苦々しく見ていたと高田は振り返る。

「佐川さんは法律を学び、従うような人ではなく、儲かる商売であればなんでもやるという人でした。法律など見もしない。それで儲けていた。一方、小倉さんは法律違反は絶対にしない。でも、なぜ佐川が繁盛するかはわかる。多数の荷物をもつ大型顧客ではなく、小荷物配送のニーズを佐川がとりはじめていたからです」

小倉が宅急便を構想するにあたって、理論や戦略だけでなく、消費者のなかに絶対的なニーズがあると断言できたのは、そんな佐川急便を見ていたことが大きいと高田は言う。

神奈川大学名誉教授で当時から運送業界に詳しかった中田信哉も、佐川は違法と合法を混ぜてやっていたと証言する。

「当時の佐川は、簡単に言えば、運んでと言われるものは何でも運んでいた。それが路線免許の区域内なら合法だし、免許の外だったら違法。それでも依頼されれば料金次第で運んでいた。そういう違法と合法の混在型で事業を拡大していたわけです。まぁ、大和運輸だってそういう部分も多少はあったとは思いますけどね」

そんななかで小倉が発明したシステムが宅急便だった。

宅急便は小荷物配送を扱いつつ、ルートは免許によって分けるという合法的なシステムで、しかも、家庭から家庭をつなぐという世界に類のない発明だった。中田が説明する。

「よく誤解されるのですが、宅急便は米ＵＰＳの真似ではないんです。ＵＰＳは商業荷物なので家庭の荷物を集めて運ぶ業者だったわけではない。家庭の荷物を集めて、家庭に送るという仕組みを考えたのは、やはり小倉さんの発明なんです。そして、集荷や料金のシステムを生み出した。このトータルなプランニングが小倉さんの力だったわけです」

小倉自身は宅急便を思いつく前に三つのヒントがあったと著書で述べている。

一つは牛丼の吉野家のように、扱う事業を絞り込むと利益が増えるということ。一つは息子の洋服のお古を弟の子どもに送ろうとしたところ送る手段がないと気づいたこと。一つは日本航空が売りだした「ジャルパック」で、複数のサービスを統合的にパッケージすること。つまり、アメリカにおけるＵＰＳのビジネスをアイデアの端緒とし、そこから日本の商圏に適用すべくビジネスモデルを構築したのは小倉の論理的な知力によるが、実際にそれが叶うかどうかは佐川急便が法を超えていち早く証明していたということだろう。

小倉が本格的に宅急便事業にとりかかったのは一九七五年夏。「宅急便開発要綱」を自ら起案し、翌年一月の営業開始を目指し、わずか二ヶ月で計画を詰めていった。

中心となる配送ネットワークシステムは航空業界の概念「ハブ・アンド・スポーク・システム」を参考とした。各都道府県にハブ（車軸。中心拠点）となる集配センターを設け、地域から放射線のように集荷された荷物はそこに集められて、地域ごとに再度仕分けされて送られる。この配送が繰り返されれば、荷物は効率よくどこからでも集まり、どこへでも運ばれる。

問題は集荷だった。郵便局のポストのように荷物を集められる場所がなければ、事業は広がらない。そこで宅急便は地域の酒屋に取次を委託した。酒屋には取次手数料が入り、買い物のきっかけにもなる。

また、料金に関しては細かい距離ごとにせず、地域ブロックごととした。山村地帯や離島でも同じ地域なら同じ料金として扱う。ここまで大胆な方策を取り入れたのは、主婦の視点を重視したためだった。

〈宅急便の商品化計画で最も重視したのは、「利用者の立場でものを考える」ということだった。主婦の視点がいつも念頭にあった。〉（『経営はロマンだ！』）

そしてまずは関東一円を対象として事業を開始した。売り文句で重要だったのは「翌日配達」だった。スタート時の料金は家庭に取りに行く荷物で五百円だった。

トラック業界における歴史を眺めてきた高田は、小倉のすごさは法に則って宅急便のモデルを創りだした構想力にあったという。

「宅急便がどれほど伸びるのか、どれくらいのビジネスになるかは、最初の時点では小倉さんも予想しきれていなかったと思います。郵便局に代わる運送が可能なのか、全国でできるのか。結果的には、予想をはるかに上回るビジネスに育っていきました」

宅急便は一九七六年一月にスタートし、初日の取り扱い個数は十一個だった。だが、利用者の評判が瞬く間に広がり、初年度で百七十万五千百九十五個の取り扱い個数を記録。その後、急激な勢いで全国へ展開していった。運送会社各社は宅急便の急伸を見て次々に宅配便事業に参入。一方、佐川急便も強引な営業で勢力を拡大。次第にヤマトとの対立が目立つようになっていった。

こうした広がりのなか、一度だけ小倉が佐川に対して本心を覗かせたことがある。時は一九九二年五月、自民党の副総裁である金丸信に多額の政治献金をしていた東京佐川急便事件が世間を広く騒がせていた。

社内報「ヤマトニュース」の連載コラム「とまり木」で、小倉はこう記した。

〈最近S急便問題が新聞紙上を賑わせているが、路線免許を持たないのに三十余年も違法に営業を行い、その摘発を防ぐために何百億円もの政治献金を行ってきたS急便に対し、宅急便の営業拡大に必要な路線免許を取得するのに、政治家は一切使わず、行政訴訟をしてまで正々堂々と対処してきたヤマトの姿勢が、改めて評価されている。企業も、正しい心で経営することとが、いちばん大事なことなのである。〉（『やればわかる　やればできる』）

宅急便事業開始から十年あまり、小倉はいくつもの闘いに取り組まねばならなかった。なかでも「動物戦争」と称された同業他社との闘いは当時多くのニュースを騒がせた。

ヤマトが宅急便に乗り出したあと、運送業界はヤマトの挑戦を無謀なものだと見ていた。だが、大方の予想を覆し、宅急便のニーズは毎年倍々以上の伸びで増え続けた。そして開始から四年後の一九八〇年度には国鉄小荷物と個数が並び、経常利益は前年比の三倍以上、採算ラインも超えた。

こうしたヤマトの快進撃を見て、同業他社も宅配便事業に乗り出した。

日本通運は「ペリカン便」、佐川急便は「飛脚宅配便」、西濃運輸は「カンガルー便」、トナミ運輸の「パンサー便」、西武運輸の「ライオン便」、そのほかにもつばめや小熊、ダックスフンドなどさまざまな動物がキャラクターに利用された。ヤマトが成功したのはクロネコというわかりやすいキャラクターに起因しているという思い込みもあっただろう。

小倉自身はそうした過当競争に余裕のある発言をし、「同業の参入を歓迎する」とまで言っていた。

〈客が他社と比較対照すれば当社のサービスの良さが引き立つ。そんな自信があった。〉（『経営はロマンだ！』）

ヤマトが宅急便事業を開拓し、成功できたのは、もとより最初の時点で綿密にハブ・アンド・スポークの利点を熟知しているうえ、各営業拠点は一都六県の百貨店配送の経験で昔から地域の住所を細かく把握している先行者利益があったことが大きい。さらに数年早く事業を進めていたことで、各地域のセールスドライバー（配達員）による担当地域の把握はますます緻密化して強みを増し、多くの事業者が参入することで宅配便自体の一般的な認知が広がり、ますます利用され、結局ヤマトが選ばれるという好循環を描いていたためだ。

この好循環をつくりだした根源は、小倉が事業開始時に掲げた「サービスが先、収益は後（のちに「利益」に修正）」というスローガンだった。小倉はことあるごとに社内でも、視察先の営業所でも「サービスが先、収益は後」と口酸っぱく言い続けた。

「どんなにすぐれた事業でも使われなければ利用者に実感されない。その初めて使われた際、サービスが悪いと二度と使われなくなる。けれども、『翌日配達』というのでおそるおそる出してみたら、本当に翌日着いたと連絡があった。先方は喜んでいた。そういうことを経験すると、また使ってみようかという気持ちになる。だから、何があっても『サービスが先、収益が後』なのは間違いないことなんです」

労組向けの講演で、小倉はそう語っている。そして、その思惑どおり、多くの後発参入者は八〇年代末には撤退していき、ヤマトなど数社だけが残る状況になった。動物戦争の勝者はやはりクロネコだった。

運輸省がもつ不条理な許認可や規制との闘い、そして社内では一方に資金調達などの実務的な問題があり、他方にはさらなる発展を目指して新しいサービスをつくる闘いがあった。

結果から言えば、そのいずれの闘いにも小倉は勝利していった。同業他社には営業で勝利し、行政訴訟まで含めた霞が関との闘いにも勝ち、社内にあっても資金調達で転換社債の導入や「クール宅急便」や「スキー宅急便」などの新事業開発で勝利を収めていった。小倉は宅急便の成功を通じて、次第に名経営者の名を固めていき、世間もまた小倉の透徹した闘いぶりとヤマト運輸のすごさに一目置くようになっていった。

だが、この期間、小倉はもう一つ大変な闘いを抱えていた。そして、そちらでは小倉は勝った例《ためし》がなかった。

戦場となっていたのは家庭だった。

祈りの理由

後年、小倉は玲子と同じカトリックへ改宗した。

カトリックへの改宗には手続きが必要である。カトリックの教義をテキストで学び、定期的な礼拝に通い、司祭の口頭試問を受ける。その口頭試問で認められてはじめて正式な信徒となる。そのために小倉は毎朝玲子とともに教会へ通っていた。

当時カトリック麻布教会の司祭だった小林敬三は、当時の小倉のことはよく覚えていた。あれほど熱心に通っていた人は珍しかったからです――。

「カトリックに改宗する場合、洗礼の前に一～二年ぐらいかかります。カトリックの教義を勉強し、週一回くらい礼拝に通うのが一般的です。ところが、小倉さんは二年ほど毎日来られた。毎朝七時に奥さんの玲子さんと一緒に教会に来て、熱心に祈りを捧げる。当時、宅急便は全国に展開されている最中で、本当に忙しかったはずです。にもかかわらず、異例な熱心さで通われていた。それだけ何か苦しいことがあったのだと思います。だから、非常に強く印象に残っています」

小林神父は自身が大学生のとき、学費を賄うためにヤマト運輸の宅急便営業所で数年間アルバイトをした経験があった。それが時が巡って、小倉に洗礼を授けることになった。そんな奇縁を打ち明けたこともあり、小倉や玲子と親しくしていたという。

小倉が通いはじめて間もない頃、なぜキリスト教への信仰に目覚めたのかを話したことがあった。そのとき小倉は小林にこう話したという。

「『私は若い頃、結核にかかって長く休んだことがありました。でも、結核をしたからこそ、人生を考え、人生を考えたからこそ、神に出会ったのです』。小倉さんは相当苦しんだんでしょう。でも、そのおかげで信仰と巡り合えた。だから、『人間万事塞翁が馬です』と仰っていましたね」

小倉と玲子が麻布教会に通いだしたのは、小倉がヤマト運輸で社長から会長になった時期だった。小倉の右腕として長く一緒にやってきた都築幹彦に社長の椅子を譲り、日々の経営判断は彼に一任した。会長となって、より大局的見地で経営に関わるようになった。つまり、朝のひとときを自分のために使う時間もできた。

朝の礼拝で小倉の祈りは決まっていた。今日も一日、悪いことをしませんように——。そう祈っていたことは関係者の多くが聞いている。

一九八八年当時の雑誌の取材にも、小倉は同じように答えている。

〈「今日も悪いことはけっしてしません、と誓って出てくるんですよ」と少しはにかむが、小倉にとって1日でもっとも穏やかな時間である。同時に、延々と続いている霞が関官僚との規制緩和をめぐる戦いを前にした、おごそかな儀式でもあるのだ。〉（「日経ビジネス」一九八八年十月二十四日号）

それでもわからなかったのは、なぜこの時期に小倉はカトリックに改宗したのか、ということだった。

同じキリスト教の信徒であることで夫婦で通じ合う部分はあっただろう。にもかかわらず、還暦を数年過ぎて改宗したとなれば、なにか理由があったのではないかと思われた。単純に考えれば、妻の玲子と同じ宗派に揃えたほうが何かと都合がよかったのだろうと想像がつく。しかし、それならば、結婚してからの日々のなかで改宗する機会はいくらでもあったはずだ。

そんな問いを投げてみると、小林神父はすこし時間を置いて考えを巡らせた。そして、一つには、奥さんと宗派を一致させたかったということでしょうと答えたが、もう一つの答えはやや意外なものだった。

「改宗という意味では、小倉さんが祈りたいところではあったのでしょう。ただ、悩みを抱え、救いを求めているという点で言えば、必ずしも小倉さんだけではなかった。もう少し言うなら、玲子さんのほうが精神的に悩んでいらした。つまり、玲子さんもまた祈りを捧げたかったのだと思います」

その悩みも二人は神父に語っていた。

小林神父は、悩みの種はご家族のことでした、と語った。

「具体的には、娘さんです。玲子さんはお嬢さんのことでたいへん悩んでおられていた。あの時期、精神的に病んでいたというほうが正確かもしれません」

第3章

事業の成功、家庭の敗北

妻と娘

一九七九年冬、業界紙「物流ニッポン」に転職したばかりの北原秀紀はホテルのバンケットルームの一角で迷っていた。会場の片隅にぽつんと立っている小倉昌男に声をかけるべきかどうか。多くの人間が立食パーティで賑わうなか、小倉の周囲には誰も近寄らず、小倉は一人立ってグラスを傾けていた。記者として話しかけるにはまたとないチャンスだったが、それには勇気が必要だった。

当時、小倉は物流業界で「怖い存在」として認識されていた。

宅急便という小荷物配送をはじめて三年。物流の新しい流れをつくりだした小倉は、この年の二月、三越の配送業務を断るという大胆な決断をしていた。三越は百貨店業界の雄であるばかりでなく、ヤマト運輸にとって創業初期から続く大事な取引先だった。だが、三越の岡田茂社長による不公正な取引を強要するやり方に小倉は腹を立て、取引を撤退した。続いて、同年には松下電器産業などとの取引も解消していた。ヤマト運輸の動きは物流業界を超えて話題となった。そこから小倉昌男という人間は怖いという噂が起きた。

しばらく迷った末、北原は「心臓をバクバクさせながら」小倉に声をかけてみた。

「すると、小倉さんは新しい記者を排除せず、訥々《とつとつ》と話をしてくれた。器が大きい人だと思いました。一方で、スーツからマッチを取り出して火をつけ、『僕は運輸行政を燃やしてしまおうと思っているんです』なんて真顔で言ったりする。本人はジョークのつもりだったようですが、笑っていいのかどうかわかりませんでした」

小倉は物流の業界団体のなかでは主流ではなかった。むしろ業界に革新をもたらそうとする「強烈な野党」だった。北原は業界を取材するなかでそれを理解すると同時に、現実の小倉と面談を重ねることで、他の経営者との違いを強く感じた。何よりも強く受ける印象は、徹底した論理と正義感だった。

「インタビューで訪問すると、取材用に書類やデータを大量に用意している。その資料を元に語るわけです。そんな経営者は当時どこにもいませんでした。当然その話は説得力がありました。当時すでに路線免許や業界慣習で問題があることを話していました。その説得力や論理も一流でした。ところが、人柄としては、堅そうに見えて、会うと非常に丁寧な人。取材が終わるとエレベーターまで見送ってくれる。そんな礼儀正しいことをしてくれる経営者も珍しかった。単に成功しているというだけでなく、あの業界で異色な人物でした」

一九七〇年代後半から八〇年代後半までの十年間、小倉は闘いの日々だった。小倉は事業の展開を通じて、運送・物流業界を変える変革者として知られるようになっていた。

一九七六年一月に宅急便を開始すると、取扱個数の伸びは劇的だった。初年度は百七十万個だったが、一九七七年度は五百四十万個、一九七八年度は一〇八八万個、一九七九年度は二千二百二十六万個、一九八〇年度には三千三百四十万個と倍々ゲームで増加した。

このヤマト運輸の伸びを見て、同業他社が宅配便事業に参入してきたのは先に述べたとおりである。

実際のところ、小倉の実務としての闘いは、他社というよりも自社にあった。そもそも宅急便を導入するときにも、役員のほとんどは反対だったと元秘書の岡本和宏が振り返る。

「宅急便をはじめる一九七六年の春ほど会社が暗かったときはありません。私もこの会社はもう潰れるだろうと思っていました。重役たちも疑心暗鬼でブツブツ言っていたし、小倉さんの遠い血縁でメインバンクの富士銀行から来ていた人も、懸念していた。完全に小倉さんは四面楚歌でした。唯一小倉さんが頼りにしていたのが、組合連中でした。当時労組委員長だった粟《あ》飯原《いはら》誠さんや副委員長だった伊野武幸さんがリーダーシップをとって不安や不満がある社員を抑えてくれた。その協力と信頼がなければ、宅急便はうまくいったかどうか……。だから、小倉さんにとって、組合の人間は本当に大事だったんです」

そして、動きだしてからも、社長の椅子をゆっくり温めている時間はなかった。

小倉は日々拡大する営業拠点の整備によく各地を回っていた。営業拠点の拡大と整備には一から開拓する以外に、既存の運送会社を合併したり、提携したりすることも少なくなかった。そうした業務の点検に小倉はよく出ていた。社訓をはじめとするヤマト運輸の文化が浸透しているか、社員教育は徹底されているか、困ったところはないか……。

「小倉さんは、はっぱをかけるようなことはしない人でした。むしろ現場のセールスドライバーと会って、直接話を聞く。そこで問題や改善点などを発見していく。一方で、地方の支店長など管理職には厳しく、ちゃんと仕事ができていないとか、わかっていないような人には、まともに口もきかない。何かを尋ねられても黙って答えず、本人に考えさせるようにする。そのせいで、管理職はみんな小倉さんを恐れていました」

夜の会合もあったが、当時の小倉はそうした場で「やや荒れていた」という話もある。いずれにしても、当時の小倉は会社の外でも内でもたいへんな闘いを展開しており、激務という表現が合うような日々だった。まったく新しいマーケットの開拓のため、仕事に次ぐ仕事がつねに小倉を待ち構えていた。

その結果、宅急便事業は開始から五年で損益分岐点を超え、利益を出すことができた。その奮闘の日々を小倉もそっと記している。

〈いよいよ損益分岐点を超したのである。宅急便を開始してから無我夢中でやってきた五年であった。案外早かったというのが実感だった。社員も自信を持った。社内にやる気が満ちていた。〝善い循環〟が始まったのである。〉（『小倉昌男　経営学』）

一方で、その善い循環はすべてに作用しているわけではなかった。この時期の小倉は当時の多くの男性と同じように、仕事を優先させ、家庭を顧みることがなかった。その家庭では事業とは反対の動きが顕在化しつつあった。小倉家における長女、そして妻の問題は宅急便の発展と軌を一にするように大きくなっていた。

〈春疾風《はやて》ニトロをいつも持ちてをり〉

一九八八年春、五十六歳だった小倉玲子はそんな句を詠んでいる。ニトロ、つまりニトログリセリンとは血管拡張作用のある狭心症の薬のことだが、玲子は八〇年代半ばから狭心症のため、舌下錠であるニトロを服用するようになっていた。

玲子がその病気になりはじめたときのことを、東京・城南地区でマッサージや鍼灸の治療を行う鍼灸院の院長、児嶋洋子（仮名）は覚えていた。

「私が最初に玲子さんのところにうかがったのは一九八三年。最初は肩こりや腰痛など一般的な治療でした。治療を施すと、すごく喜んでくれる。それでも、玲子さんの体調としては、次第に症状がひどくなっていったんです」

当時、児嶋は東京・西麻布で鍼灸院を開業し、その広告活動で周囲一帯にチラシを頒布した。そのチラシを見て連絡をしてきた客の一人が南青山のマンションに住む玲子だった。玲子と彼女の母、望月きみゑは児嶋をたいそう気に入り、たびたび自宅の往診に呼びだした。診療はたいてい長引き、約束時間をオーバーしたという。

治療ははり、灸、マッサージとすべて行い、週一回程度の頻度になった。きみゑは当時健脚で登山にこっており、マッサージなど筋肉をほぐす施術が中心だった。一方、玲子のほうは特定の部位が悪いというより、全体的な倦怠感が広がるという症状だった。

「玲子さんは病院でもいろいろ検査していたのですが、検査結果を見るとどこも悪くない。でも、全身がだるく、心臓が苦しいという。私が治療すると、そのときはいいのですが、またしばらくすると体調が悪くなって、電話をかけてくるという感じでした」

玲子は自宅から歩いて数分の日本赤十字社医療センターに通っていたが、何が原因なのかはなかなかわからなかった。数年経ったある日、玲子がうれしそうに「ようやくわかったの」と言ってきた。病気は狭心症だったという。

「症状がないときにはわからなかったけれど、症状がひどいときに診てもらったところ、判明したという話でした。ただ、日常生活はできて、ゴルフなどちょっとした運動もできる。だから、家族からは『ママはぜいたく病じゃないの？』と疑ったようにからかわれていた。玲子さんは『言っても、わかってもらえないのよ』と嘆いていました」

小倉家に往診で通ううちに、昌男や長女など施術は家族全体に広がった。そうして頻繁に通うなかで、玲子の問題の一因がわかってきた。それは彼女が抱える強いストレスだった。診療中の雑談、あるいは、小倉家で過ごすひとときのなかに、玲子の心臓を傷める要因が存在していた。

玲子自身がはっきり口にしていたのは、周囲からの批判の声だった。

「どの方という名前を挙げることはなかったですが、親戚からひどく責められていると漏らしていました。その批判がものすごくつらいストレスになっていて、心身に作用しているのだなと思いました」

玲子が周囲から批判を受け、悩んでいたことは、カトリック麻布教会の小林神父もたびたび聞いていた。小林神父が言う。

「玲子さんは静岡のよい家柄の出身のようでしたが、ヤマト運輸創業家である小倉家と比べると、家柄として格下という意識をもっていました。だから、周囲の批判に対して、反論するような勇気がもてなかった。したがって、何か言われると、その苦難をすべて自分で抱えてしまっていたのです」

玲子がつらかったのは、その批判が自分ひとりに留まっていないことだった。周囲が批判していたのは、子どもの育て方。とりわけ長女の真理に対する批判だった。

真理は当時の周囲の感覚としては、「派手な」生き方をしていた。

一九七六年に雙葉高校を卒業後、宝塚音楽学校に入学。雪組でしばらく活動したのち、退団。ハワイに留学し、現地で出会った日本人男性と結婚したが、五年で離婚していた。

一九八七年、真理は三十歳で南青山の実家に帰ってからはヤマトの子会社に就職していたが、夜遊びを繰り返していた。

こうした真理の動向が周囲は気に入らないという話だった。

「小倉家の娘として、真理の生き方はとんでもない」

「なぜ親は真理をきちんと指導しないのか。こんな子に育てた責任は母親にある」

「母親がダメなのだ」

そんな心ない批判が陰に陽に玲子に寄せられた。それが玲子には大きなストレスになっていたと児嶋は言う。

「狭心症という病気に、どの程度影響があったか医学的なことはわかりません。ただ、玲子さんに寄せられる批判とストレス、病状が関連していたのは明らかでした」

厄介なことに、玲子にとって、真理の問題は周囲からの圧力だけでなかった。真理本人との言い合いや諍《いさか》いもあった。

周囲の批判とは別に、玲子はかねてより真理との口論が少なくなかった。真理のやり方に対し、玲子は親の立場でものを言う。そんな玲子の説教に対して、真理は素直に聞くわけではなく、自分の信じる道を進む。ちょっとしたことで二人は言い合いになることが珍しくなかった。児嶋が振り返る。

「真理さんはストレートな人で、基本的にはさばさばしている人なんです。でも、よい娘として玲子さんの言うことを聞く人ではなかった。また、言い合いになると感情的になる、というより、ヒステリックになることがよくありました。母娘げんかははたから見て心配になるくらい激しいときもありました」

そんな真理との関係も玲子にとってはストレスだったろうと児嶋は想像する。

周囲からは我が子について批判され、我が子と向き合えば、そちらでも諍いになる。どちらを向いても責められる逃げ場のない問題だった。

「結局、どっちを向いてもけんかになってしまう。これはつらかっただろうと思います」

それまでの取材のなかでも、娘の真理に話が及ぶ場面にはたびたび遭遇した。こちらは小倉の話を聞こうとしているのに、いつしか主題が妻の話となり、さらには娘の話となる。小倉に近い人ほど、たいていそうした経路を通って話すことになった。

だが、著書や刊行物にはほとんどそうしたことは語られていなかった。

だとすれば、語られていない何かがあると感じるのが自然だった。そんな漠然とした感覚を、元秘書の岡本に何度目かの取材でぶつけてみた。すると、岡本は「ああ」と苦笑いをした。そして、感慨深げにため息を漏らしたのち、とうとう辿りつきましたか、と語った。

「小倉さんにとって、真理さんはアキレス腱だったんです。真理さんがわがままを言い、小倉さんがその面倒を見る。玲子さんは振り回される。そういう関係がありました。彼女の存在なしに小倉さんは語れないんです」

バニティ・ハウス

真理と小倉のことで岡本がよく覚えているのは、小さなブティックのことだ。

一九八九年七月、小倉は真理のために東京・広尾に輸入雑貨などを扱う店を開いた。店は広尾駅から聖心女子大学に向かう広尾商店街の一角にあり、新築の小さなビルだった。その種の店としては「もったいないほど売り場面積が広かった」という。

店の名前は「バニティ・ハウス」。この店の設計や仕入れなどの準備に小倉夫妻は「異常なほど」力を入れていたと岡本が振り返る。

「当時、小倉さんは会長でした。多少時間ができたこともあってか、会社の仕事よりもこの店の立ち上げに真剣に取り組んでいました。お店の設計では建築士を呼んで図面を確認し、仕入れではどんな商品を置くべきか真剣に検討していた。当時、玲子夫人の友人がアメリカ・カリフォルニア州モントレーにいて、その友人からお茶や陶器など雑貨を輸入したりもしていました。当時はバブル経済のピークの頃。お店の内装や仕入れなどコストも大変なものだったと思います。実際、準備にかける労力は傍目に見てもかなり大変でした。でも、実務の大半は真理さんではなく、小倉さん夫妻がやっていたんです」

お店をやりたいと言ったのは真理だったかもしれないが、真剣だったのは親だった。夫妻が真剣だったのは理由があった。自分のお店を開けば、真理が遊びに出歩かず、店に張りつくだろうと考えていたためだ。

「当時、真理さんは六本木のダンスホールなどが好きでよく行っていた。小倉さんや奥さんはそこに行かせたくなかった。でも、もし自分の店があれば、そうした夜遊びをしなくなるだろう。そう小倉さん夫妻は考えていたのです」

開店すると、真理は毎日十一時に出勤し、夜七時まで滞在する。店に関心をもってもらうという意味で、小倉と玲子の思惑は外れていなかった。

そのバニティ・ハウスの開店当初、岡本には小倉の真理に対する姿勢をまざまざと感じる出来事があった。岡本は開店して間もない時期、小倉から店に来てくれないかと頼まれた。

「岡本くん、真理の店、ようやくオープンすることになってね。もしよかったら、記念に顔を出してくれないだろうか」

店の設計や仕入れなど開店準備で奮闘していた小倉を見ていたのに加え、ふだん頼みごとなどしたことがない小倉から折り入っての相談。岡本は断る理由などなかった。

「もちろん喜んで。秘書室の連中を連れて行きますから」

そう約束して、数日後、秘書室の数名で向かうことにした。当日、夜七時に到着する予定だったが、それぞれの仕事が終わらず、一時間遅れることになってしまった。岡本は事前に店に電話を入れ、八時に全員でバニティ・ハウスを訪れた。

困惑したのは翌日のことだった。岡本は小倉から呼び出しを受けると、「真理から電話があったよ」と苦言を呈された。聞けば、岡本らが来店時間に遅れたために、アルバイトが迷惑を被ったというクレームだった。

「『秘書の教育がなってないわよ!』と小倉さんが叱られたというんです。それで、こちらもやむを得ず、社内の事情を話し、事前に遅れる旨の電話もしたと説明しました。ところが、小倉さんは『だけどさ……』と納得しない。驚きました。まったくいつもの小倉さんらしくありませんでした」

小倉のふだんの理路整然とした考え方や公平性、正義感とは異なる小倉がそこにいた。

「小倉さんも人の親だなという感想もありましたが、むしろやや信じられないという驚きのほうが強かったように思います」

真理に関わることは小倉はつねに手を尽くし、また、真理のすることはなんでも大目に見てきたという。

「親ばかと言えば、親ばかなのでしょう。ただ、ふだんの小倉さんからすると、考えにくいのが、真理さんに対する態度でした」

そう振り返ったうえで、こう続けた。

「あれだけ仕事で筋を通した人なのに、真理さんのことだけは筋が通らないことでもゆるしていた。人には誰しも弱みがありますが、それが小倉さんには真理さんでした」

ブティックについては、興味深い証言もある。

元マガジンハウスで雑誌『Ｈａｎａｋｏ』の編集長だった椎根和《やまと》は『銀座Ｈａｎａｋｏ物語』という回想録で、小倉昌男がある相談で会社にやってきたと記している。

〈そのころは香水のかわりにバブリーな匂いをまきちらす社長や経営者が多かったが、その紳士には憲法学者のような威厳があった。〉

〈おだやかな口調の小倉の話は意外なものだった。まず、「私の妻・玲子は『Ｈａｎａｋｏ』の熱心な愛読者です」と言い、

「わたしはまったく家庭をかえりみないで仕事仕事の人生を送ってきました。妻のしたいことは何ひとつ叶えてあげることができませんでした。妻は、わたしが言うのもなんですが、敬虔なカトリック信者で、何ひとつ文句を言わずに、尽くしてくれています。その妻が最近、ひとつだけ自分のやりたいことをやらせて、と言いだしたのです。広尾に女性が好きなものだけを集めたお店を開きたい、と……」

と続けた。これに椎根が、「ああ、最近はやりのファンシーグッズショップですね」と返すと、小倉は無罪と言われた被告のような表情になった。

「実は来月オープンなのですが、妻が言うには、あなたがクロネコヤマトの会長として『Hanako』編集部に行って、オープン日に編集部名入りの花輪を出すという約束をもらってきてください。その上でできれば店を誌面で紹介してほしいというのです。わがままを言ったことのない妻がはじめてそう言ったので、なんとか叶えてあげたいと思い、やってきました」〉

小倉の相談を受ければ、お返しにヤマト運輸が広告を入れてくれるかもしれないと椎根は計算し、取材と花輪の約束をした。そして、実際にお店にも足を運び、花輪も出したという。

小倉が椎根に話した内容はここに記されたとおりだったのだろう。だが、この話は取材で複数の人が語っていた話――娘の真理のためにお店を開く――と合致しない。またお茶や俳句を嗜み、北海道のような素朴な自然を愛していた玲子が、若い女性の最新トレンドが詰まった

『Ｈａｎａｋｏ』を愛読していたとも考えにくいし、『Ｈａｎａｋｏ』への記事掲載や同誌からの花輪を所望したりということも考えにくい。

そう考えると、この願いを口にしたのは玲子ではなく、娘の真理ではないかと考えられた。そもそも店の開業自体、玲子ではなく、真理のためだった。一方で、当時の真理を知る女性は、花輪は真理さんの依頼だったとも考えにくいと語った。

「真理さんは派手ではありましたが、日本的なＯＬが好むような流行りものを好きではありませんでした。『Ｈａｎａｋｏ』のような流行雑誌に興味があったこともない。むしろ嫌いなほうだった覚えがあります」

かといって、小倉が『Ｈａｎａｋｏ』を愛読していると想像するのも無理がある。そう投げかけると、その女性はしばし考えて、会社関係ではないですかと想像を巡らせた。

「たとえばふだん触れている気安い女性秘書などに広尾の店の話をする。すると、その女性社員に『広く知ってもらうには、ターゲット層の女性が買っている雑誌に紹介してもらうのがいいですよ』と教えてもらう。そんな話を聞いて、小倉さんが自分の考えで『Ｈａｎａｋｏ』に行ったんじゃないですかね」

いずれにしても重要なのは、小倉が娘が手がける店のためにわざわざ女性誌編集部を訪れているという事実だろう。ヤマト運輸の会長ともあろう人物が、娘のためにそこまでしているところに小倉のひとかたならぬ思いが垣間見える。

だが、そうなると、自然とある問いを抱かざるをえない。小倉と玲子の二人はなぜそこまでして広尾の店を開いたのかということだ。

その理由は二〇一五年の視点から見るとずいぶん違和感のあるものだった。ヤマト労組元委員長の伊野武幸が言う。

「狙いは真理さんの交際相手です。彼と会わせないためのお店だったんです。お店をもてば、そちらが忙しくて交際は続かないだろう。そんな思惑でお店をもたせたんです」

小倉夫妻が真理の人生に介入しようとしたのは、先に記したニトロの俳句を読んだ頃とも重なっている。そう考えると、ニトロを飲まざるをえなかった強いストレスの原因も一致しているように思われる。

その原因、真理が交際していた相手はアメリカ海軍に所属する男性だった。

彼は黒人だった。


町中で外国人に遭遇するのも珍しくない二〇一五年現在、交際相手の人種や肌の色を問題視する向きはそう多くないだろう。だが、国際化も途上だった八〇年代半ば、まだ外国人に苦手意識がある層は少なくなかった。とりわけ戦前や戦中派といった古い世代では、そんな抵抗感は小さくなかっただろうと伊野は指摘する。

「小倉さん夫妻は敬虔《けいけん》なキリスト教信者であり、もともと公平な人。差別などいけないとわかっていたはず。ただ、そう頭ではわかっていても感覚的にはショックがあったと思います。やはり日本の人とおつきあいしたほうがよいのではと思っていた。まして、世間の反応はそうではない。噂を聞いた途端、『とんでもない！』という反応になった。それが母である玲子さん批判につながったわけです」

前出の整体師の児嶋も、玲子の悩みが深くなったのは真理の海軍男性との交際が周囲に知られるようになってからだったと記憶を遡る。

「簡単に言えば、『小倉家の娘ともあろうものが』という偏見です。実際にそう聞いたかはわかりませんが、世間体を守りたかったのだと思います。ヤマト運輸の創業家にガイジン、しかも、黒人はふさわしくないというわけです。すると、攻撃の矛先は、真理さん本人ではなく、親に向かった。要は、玲子さんがだらしない親だから、真理がそんなことになったんだという批判です」

玲子は二つの思いで揺れているようだったという。一つは周囲からの偏見に対して「なんとかしなくては」という気持ち。もう一つは娘の選択を信じ、娘を支えようという気持ち。世間体か娘の生き方か、その狭間で揺れていた。

当時、玲子の悩み迷う心象は俳句で表現されていた。

〈星飛ぶやオセロゲームの白と黒〉（一九八八年九月）

〈子育てのすでに過去なり釣忍《つりしのぶ》〉（同前）

じつは、こうした千々に乱れる思いを玲子はつながりの薄い人に吐露していた。

物流のマーケティング理論などで小倉に影響を与えた中田信哉神奈川大学名誉教授は、玲子がある物流専門紙の幹部にその話を深く語っていたことを記憶していた。

「宅急便の成長期、ゴルフ宅急便やクール宅急便などいろんな変化がありました。けれども、小倉さんに話を聞きに行っても、素っ気ないので簡潔な一問一答ぐらいの話しかしてくれない。そこで業界紙の記者の中には、深い情報をとろうと玲子さんのもとに通う人が出てきた。そのうちの一人は相当玲子さんに取り入り、小倉家の細かい事情、つまり、真理さんらの情報までかなり詳しく聞いていた。ただ、当時彼からそれを聞いた印象では、玲子さん自身が話をしたいという状況でもあったようでした」

そうした記者の動きはヤマト側も把握し、警戒していた。元秘書の岡本が振り返る。

「その人のことは会社はもちろん把握していました。実際、ある時期まで玲子夫人は非常に親しく接してきていたし、私たちも彼なら大丈夫だろうと信頼していた。だからこそ、玲子夫人も自分の悩みまで包み隠さず話していた。ところが、あるときから業界の派閥的な関係からか、敵対的な立場に転じてしまい、ヤマトに批判的な記事を書くようになった。その途端、小倉家の事情を関係者に明かすようになり、醜聞的に扱うようになった。業界特有の事情とはいえ、あんまりだなと思いましたね」

ただ、そうした業界事情はどうあれ、当時の玲子はかわいそうだったと岡本は振り返る。娘のことを親しい人にもどこまで相談していいかわからず、悩みの行き先がなかったのではないかと推察する。

しかも、外部から見ていて歯がゆかったのは、そうした公私の騒動のなかで肝心の小倉がまったく小倉らしくないことだった。

「小倉さんも相当悩んでいました。悩んで悩んで……、でも、何もしない。オロオロと動揺するだけでした。あれは不思議でした。ふだん仕事に関することは、なんでも自分でしっかり計算したり、理論だてて考えたりして、こちらには指示するだけです。つまり、頭の良さを活かして、間違いのない解決法を提示するのが小倉さんなわけです。ところが、娘の問題では、『まわりはこう言うけど、真理本人はこう言ってるんだ』と私に判断を求めたり、お店の件で

『何とかしてやってくれないか……』と相談したり。いつもの小倉さんではなかった。人の親とはこういうものかと思いましたね」

ただ、店をつくるときに、小倉のそんな揺れる気持ちが反映されたところもある。

バニティ・ハウスが開店した当時、小倉は自分の関係する各方面に「ぜひ来てください」と誘いの声をかけた。

若い頃からつきあいがあり、小倉のことを「親分」と呼んできた当時サンミックス（現味の素物流）の社長、坂本勲夫もお祝いに店に駆けつけた一人だ。そのとき、坂本は店名が気になった。バニティとは虚栄、虚構の意味で、どことなくマイナスのイメージがある。そこで、ある会合の際、小倉に尋ねてみた。

「バニティ・ハウスって、日本語にしたら『虚構の家』ということですよね」

すると、小倉はふふっと笑って、「よくわかったね」と答えた。坂本が言う。

「誰が店名をつけたのかわかりませんが、少なくとも小倉さんが皮肉的な意味をそこに認めていたのは間違いありません。不思議な名前だなとは思いましたが……」

一方で、小倉が明確に真理の交際に反対しているという証言は誰からもなかった。小倉としても娘の選択に正面から反対するようなことはしにくかったのだろう。

だが、小倉夫妻は揃ってバニティ・ハウスの開店に積極的に取り組んだ。言葉として反対はしていないが、行動で言えば、玲子も小倉も真理の交際には反対だったということになる。ただ、小倉夫妻が真理に店をもたせた背景には、単に米国人男性との交際を控えさせるだけではない事情もあった。真理自身にもたしかに問題があったからだ。

叱らない父

真理もヤマトで働いた経験があった。一九八七年、彼女が三十歳の頃である。だが、仕事は長続きしなかった。

前出の中田教授は、物流業界の会合などで当時その噂を聞いたという。

「好き勝手なことをやられて、大変なことになったと聞きました。ところが、それで上司が指導したら、逆に小倉さんに怒られたというような話だった。小倉さんの子どもにしては、ちょっとわがままな子だなという印象が残りました」

前出の岡本も、けっして悪く言いたいわけではないが、としたうえで、やはり未熟だった印象は否めないと語る。

「あれだけ小倉さん夫妻がお金も労力もかけて開いたバニティ・ハウスにも最初こそきちんと来ていたものの、しばらくしたらアルバイト任せになっていた覚えがあります。そして、二年ほどして店を閉めるとなったときには、雇っていた女性の給与などでももめることがあったのに、そうしたことにもあまり関わらなかったと聞きました。一方で、自分の気に入らないことがあると、ものすごい勢いで非難する。もちろん彼女にも事情があったのかもしれません。でも、状況だけ聞くと、どうしてもわがままな印象になりました」

そうした理不尽な場面に遭遇しても、小倉は一度も娘を責めることはなかったという。小倉は娘には怒らない。それこそが小倉の「アキレス腱」だった。その関係性に岡本は何か特別なものを感じていたとも言う。

「言ってみれば、父の弱さというところでしょうか。でも、もうちょっと複雑だった気がするんです。なんと言うのだろう……、うまく言えませんが。いずれにしても、私たちには真理さんは扱いが難しいという印象がありましたね」

わがままな娘とそのわがままをけっして叱らない父。平時の小倉、ビジネスの小倉、論理の小倉をよく知っている人ほど、その違和感は際立った。

当時の物流業界において、小倉は特別な存在だった。ある人たちは理路整然と経営戦略を語る小倉を「学者」と呼び、ある人たちは物流業界で独立独歩のスタンスを貫く小倉を「親分」と呼んだ。正義感や公平性といった感覚にはとりわけ鋭敏で、問題があれば躊躇《ちゅうちょ》なくそれを指摘する強さもあった。また、積極的に現場をまわっては熱心にドライバーの声に耳を傾ける真摯さがある反面、飲酒運転が発覚したドライバーは請われても辞めさせるという、情にほだされない堅さもあった。

こうしたふだんの小倉を知る人は親子の性格の違いにも不思議さを感じていた。

「小倉夫妻はほかの人と比べても、人間的に素晴らしく、見識もある方たちだった。その二人のお子さんなのに、どうしてお嬢さんがあんなわがままになったのか。そこが不思議なんですよね」

ヤマト労組元委員長の伊野はそう首を傾げた。真理の足跡を見るだけでも、真理は大事に育ててもらってきたという。

「たとえば、真理さんが宝塚音楽学校に行きたいと言えば、受験対策に宝塚に精通している音楽教室などに通わせて、受験に臨ませた。雪組を退団したあと、今度はハワイに留学です。その後、一九八二年、最初の結婚のときの会場は帝国ホテルでした。とにかく一事が万事、小倉さんは真理さんには手をかけていた。それは間違いないことです」

だから、それが逆に悪かったのかなと、伊野は腕組みをして考える。

「腫れものに触るように、やさしく育てたことで、わがままになってしまったということなのかな。そういう意味では、大事に育てられすぎた真理さん自身が犠牲者なのかもしれないんですよね」

ただ、真理が新たな出会いにときめいていた八〇年代後半、小倉夫妻の悩みがいかに深かったかは別の側面でも見てとれる。小倉がプロテスタントからカトリックに改宗しようと教会通いをはじめたのが同じ時期だったのである。

カトリック麻布教会の司祭だった小林敬三は、玲子の悩みの深さが周囲の批判にあったことは確かだと首肯したうえで、こう語る。

「小倉さんの改宗の目的は奥さんと宗派を合わせたかったのも一つ。加えて、お嬢さんのことで悩み、祈りを捧げたかったこともあるでしょう。あの当時、玲子さんはたしかに教会に救いを求めていましたし、そんな夫人を小倉さんは助けたかった。夫妻にとって、神に向き合うことが心の糧になっていたのです。二年もの間、一日も休まずに毎日朝七時に礼拝に来られるなんて、よほど理由がないとできないことです」

具体的に言うなら、小倉夫妻は真理の米国人男性との交際をやめさせられたらという祈りがあり、そのために教会に通っていたということになろう。

結果的には、真理は米国人男性とは別れず、翌一九九〇年一月、その彼と再婚することになった。広尾のバニティ・ハウスはその後も営業されたが、真理は長期で入院することもあり、運営は玲子の手を借りることが増えていった。

小倉にとって、では、その頃の日々のすべてがつらいものだったかと言えば、そうではない。

ある意味では、複雑な思いの日々にすら小倉には妻との一体感や深い共感を感じていたようである。

〈妻もまた同じ思ひの良夜かな〉（一九八八年十二月）

多忙だった小倉が玲子と睦まじい日々を送るのは、自身が社長から会長になった一九八七年からのことだ。それから玲子が亡くなるまでの四年間が、苦難も喜びも含め、二人にとっておそらく人生でもっとも夫婦として充実した期間だった。

第4章

妻の死

二人の旅

〈日本の中で一番好きなところと言ったら、それは北海道である。もし東京に居る必要がなく、どこに住んでも良いとなったら、躊躇なく北海道を選ぶだろう。〉（「季刊　ほほづゑ」一九九九年・夏）

一九九九年夏、小倉は「私の好きな街」というテーマのエッセイで、北海道のことをそう記した。もう少し引用を続ける。

〈私が北海道を定期的に訪れるようになったのは、昭和六十二（一九八七）年にヤマト運輸の社長から会長に転じたときである。昭和五十一年に始めた宅急便も一応軌道に乗ったが、過疎地を含めて全国にネットワークを展開しなければならない状況だった。そこで、過疎地の代表として北海道を訪れ、現場の実情を知りたいと思ったのである。

毎月一回、三日程度北海道に来て、道内約六十の店所を順次視察しようと思った。北海道は広くて一年くらいでは全部回ることが出来ないのと、北海道がすごく気に入ったので、四年間通うことになった。結果的には、四年間で道内を約一周半した計算になる。〉（同前）

なぜこの時期に立て続けに北海道を訪れたのか。その理由をこのエッセイで、簡潔でわかりやすく説明していた。同エッセイでは、そのあと道内の季節ごとの花や風景について触れ、なるほど好きで通っただけの北海道の自然の魅力について語っている。しかし、このエッセイで触れなかったこともある。玲子夫人の同行だ。

一九八五年から十一年間、小倉の秘書を務めた岡本和宏は、当時の個人日誌をいまも保存しているが、その日誌を確認すると、一九八七年からの四年間、たしかにほぼ毎月小倉は北海道へ出向いていた。そして、ほとんどで妻の玲子を帯同していた。玲子の帯同は業務に関係がなく、したがって、玲子の旅費は小倉が自費で出す私的な旅行という体裁だった。

とはいえ、訪問先の営業所で玲子の来訪はおおむね好評だったと岡本が言う。

「なぜなら小倉さん一人だと、迎える側は緊張して何を話していいかわからない。でも、玲子さんが一緒だと彼女と雑談ができ、それが緩衝材となる。結果、視察の雰囲気が和らぐわけです。お互いにとって、好都合だったようです」

当時、道内の案内役を数回務めたことがある、北海道勤務が長かった元ヤマト労組の加藤房男は、小倉の来道は光栄でもあり、また、実際に楽しかったという。

「帯広など十勝方面に来るときは、よく私の古いマークⅡに乗ってもらいました。奥さんは野の花がとても好きで、それを知ってからはこちらで推薦コースをつくって小倉さんに提示していました。小倉さんは野草の図鑑をもってきて調べては『あれは何の花?』と話したりしていました」

旅程の多くは二泊三日で、新たな営業所を回ったり、現場の社員に話を聞くなど仕事を優先してから、私的な旅行に移行するかたちだった。同じ地域に留まるのではなく、一日目は札幌、二日目は電車や飛行機で移動して道東や道北と離れた地域を回ることもあった。毎月小倉が北海道のどこかへ向かい、支店や営業所を回っているという話は、道内の支店に伝わっており、多くの支社長は緊張していたという。

実際のところ、小倉も北海道へ行きだした当初は、仕事の関心のほうが強かった。

当時のヤマト運輸は同業他社との動物戦争にも勝利し、路線免許の件で運輸大臣を訴える行政訴訟にも勝利（提訴の三ヶ月後、免許が下りて訴訟は取り下げ）し、勢いに乗っていた時期だった。残る営業ネットワークは、北海道の過疎部や島嶼《とうしょ》部などで、その最後の詰めがうまく進むのか、小倉は注視していたのである（一九九一年に全国自社ネットワーク成立、一九九七年に島嶼部の最後、小笠原諸島で完成）。

宅急便の構想では、北海道のような集配距離が長いのに人口密度が低い地区で事業が可能なのかという懸念は開発当初からあった。北海道の各営業所は漸次営業拠点を広げるなかで、現地の特産品の販売をするなど新しい営業アイデアを取り入れたりしながら、積極的に展開していた。そうした道内営業所の攻めの取り組みを小倉は評価し、応援していた。当初の拠点視察のペースは速く、会長になった一九八七年七月からはじめて、四ヶ月後の十一月には道内約六十店の営業所のうち四十店近くを回っていた。

小倉にとって、北海道で現場を回ることは社員との触れ合いの場でもあった。前出の北海道の加藤は、東京本社に出張したとき本社で見た小倉がそれまで北海道で見ていた小倉とあまりに違っていたことに驚いた。

「東京本社では小倉さんは誰も近寄れない存在だったんです。エレベーターに乗ろうとすれば、乗っていた社員は全員降りて、直立不動。その中を小倉さん一人だけ乗り込む。七階の社員食堂では、小倉さんが座る席の周囲には誰も座らない。たしかに地位は比べものにならない違いがありますが、いわば孤立状態でした。ふだんはこんな存在だったのか……と本社に行ってはじめて気づきました」

北海道での小倉はまったくそうではなかった。支社長など現地トップは東京と同じように著しく緊張していたが、加藤をはじめ、現場の社員には気軽に話しかけ、また、社員側も硬くならずに話をしていた。そうしたやりとりを小倉自身も楽しんでいた。

「営業所に来ると、社員に『仕事はどう?』と尋ね、仕事のやりやすさをよく聞いていました。基本的には現場にまかせる方針でしたが、自分の目で均質なサービスを確かめたいという感じでした。ただ、そうした仕事への関心はどうあれ、はっきりしていたのは、のびのびしていたことです」

小倉が北海道でのびのびとできていたのは、いくつも理由があるだろう。自分を慇懃《いんぎん》に扱う東京本社ではないこと、東京にはない雄大な自然があること、そして、出張のついでに妻と楽しめる旅行も大事な要素だったはずだ。

夫妻が観光で道内各所を回るとき、小倉はつねにレディファーストを心がけていたという。飲食店に入るとき、列車の車両に乗るとき、小倉は必ず玲子を先に招き入れ、自分が続いた。エスコートする振る舞いは板についており、加藤は紳士とはかくあるものかと感激した。

そして、二人は訪れるごとの季節を楽しんだ。春には函館や札幌で野に咲く水芭蕉を楽しみ、夏には美瑛で白い花で覆われたじゃがいも畑や薄紫のラベンダーを愛でる。

「秋にはワインで有名な池田町に行ってワインを味わったり、十勝川の千代田堰堤《えんてい》で鮭の遡上を眺めたりもしました。北海道は各方面でさまざまな自然や風物がありますが、とりわけ十勝は広々としているので、奥さんが『アメリカの広い集落に似ていて、気持ちいいわね』と気に入っていました。また、そんな奥さんの喜ぶ様子を見て小倉さんも喜んでいるようでした」

この北海道の定期出張＝旅行が小倉夫妻にとって、かけがえのない時間だったことは疑いない。後年、前述のエッセイで北海道のことを記したのも、それだけ心から楽しめたことを示している。

小倉は北海道以外にもさまざまな場所に夫人を同行させている。

会長になった一九八七年は、二人で中国に足を伸ばし、北京と上海を回った。一九九〇年秋には、小倉がつくった全運研（全国運輸事業研究協議会）の研修旅行でドイツ、フランス、イタリアとヨーロッパを回ったが、そのときにも夫人を同行させていた。

海外への同行は過去にもある。一九八二年、ヤマトの営業店の拡張や買収などで大きな資金調達が必要になった。その際、小倉は当時日本の経済界で注目されつつあった転換社債の導入をいち早く決定、ヤマト運輸は転換社債の発行をスイスの投資銀行ＵＢＳと契約した。その契約に際して、小倉や財務担当者はスイスのチューリッヒまで出向いたが、そのスイス出張にも小倉は玲子を同行させていた。

そして、一九九一年二月には夫婦で長崎の五島列島を訪れている。いわゆる隠れキリシタンの里であり、五十を超える教会が点在するこの地区で、クリスチャンの二人はいくつもの教会を巡ったようだった。

しかし、毎月の北海道でもその他の地域でも、この時期つねに妻を帯同していたのはなぜだったのか。

旅は誰にも非日常と安らぎを与える。自然の雄大さや歴史の刻まれた構造物に思いを馳せるうちに、日々の悩みや疲れ、日常の嫌なことをいっとき忘れさせる。そうした旅の作用を考えると、単に出張の付き添いという意味だけではなかったと思われる。

元労組委員長の伊野武幸は、一つには妻の狭心症の心配があったろうと指摘する。

「玲子さんがニトロを手放せなくなり、狭心症による発作の心配が出てきた。だから家に一人で放っておけないと思ったのではないですか。それに、悩みごとがあっても、旅行に出れば、気分が変わりますからね。楽しいわけですから。そういう気晴らしの狙いもあったんじゃないかと思います」

当時、二人にとってもっとも大きな悩みは長女・真理だったが、じつはこの時期、小倉にとっては、玲子も悩みの種になっていた。あまりの苦しみからか、玲子はアルコールに逃げるようになっていたためだ。

岡本は小倉が妻の飲酒に悩んでいることを聞いて驚いた覚えがある。

「もともと玲子夫人はお酒を飲む人ではなかったようでした。ところが、真理さんと家で言い合ったり、人に言えない苦悩を抱えるうちに、家でこっそりお酒を飲みだした。それもちょっと荒れた飲み方で、夜中にキッチンで飲んだり、わけがわからなくなるくらい酔ったりという飲み方だった。家に帰ってみると、世話をしなくてはいけないこともあるという話でした」

複数の証言によれば、もともと小倉は嫌いな人間の三タイプがあると語っていた。威張る人、金銭欲が強い人、そして酒癖が悪い人。その嫌いなタイプに妻が入ったことで、小倉のショックは小さくなかっただろうと複数の人は言う。

解決しない娘の問題に加え、妻までが荒れていく。自宅は安らぎの場ではなく、苦悩の場となっていた。小倉はそんな家族関係の変わりように強く心を痛めていた。伊野もその小倉の悩みは本人から聞き及んでいた。

「リビングやキッチンなどで酔いつぶれ、いつのまにか寝てしまっているという話は聞きました。だから、家に一人にしたくなかったのでしょう」

そうした背景を考えると、頻繁に行った北海道などの旅行は純粋な楽しみよりも、むしろ、青山の家から玲子を遠ざけ、玲子の心を安らげるための一時的な逃避だったのではないかと思えてくる。

だが、そうした悩みもやがてすべてを受け容れなくてはいけない日が訪れた。真理の結婚と出産である。

短い平穏

「ダウニィはいいやつですよ。しっかりしていて、人として信頼できる。それは一時期、僕が一緒に仕事をしたから確かです。でも、そういう肝心なところが意外にヤマト関係者にも知られていないかもしれないですね」

印象を尋ねると、伊野は率直な調子でそう語った。真理が結婚した相手、ドナルド・ダウニィのことである。真理とダウニィは一九九〇年一月に結婚、籍を入れた。真理、三十二歳の時だった。

ダウニィは米テキサス州出身で、高校卒業後、海軍に入隊。八〇年代半ばに仕事で横須賀に配属され、その来日時に真理と出会っていた。海軍出身らしく、身長一八〇センチメートルを超え、胸板も胴回りも堂々とした体躯で、落ち着いた話し方をする人物だった。

ダウニィは一九九二年春、軍をやめ、ヤマトの子会社ヤマトパーセルサービスに職を得たが、のちに一時期伊野が直接ダウニィの面倒を見たこともあった。

ヤマト労組が加入する保険契約を地方の営業所に説明に行くという仕事。日本語がおぼつかないダウニィにその仕事ができるわけはなく、事実上、伊野と一緒に各地の営業所を回ることで、ヤマト運輸という会社の業務内容や社風などを学んでいく。なかば研修旅行だった。

そうした研修期間、ダウニィは言葉の戸惑いにもめげず、真摯に取り組んでいたという。伊野は何日も一緒に過ごすなかで、それ以前に心配していた懸念はなくなったという。

「相手がどういう人かわからないときは、大丈夫だろうかと思ったところがありました。でも、実際に接してみると、身体が大きいのでごつく見えるけれど、非常に真面目で熱心に仕事にあたる。彼なら大丈夫だと思いました」

鍼灸院の児嶋洋子も、小倉家に通うなかで結婚は明らかに真理にはよい影響をもたらしたと感じていた。

「たとえば、かりにモノを投げつけても、文句を言っても、全部受け止めて、まるごと抱きしめてくれる。心身両面の大きさがダウニィさんにはありました。アメリカではハリケーンの名前に女性の名前をつけますが、そんなハリケーンさえも受け止める大きさが、精神的にも身体的にもあったんじゃないかと思います」

そして入籍からまもなく、ダウニィと真理、小倉夫妻の関係が変わる出来事が起きた。二人の間に新たな生命が宿ったことがわかったのである。ただし、それも順調だったわけではない。妊娠が判明してまもなく真理は切迫流産の危機に襲われた。緊急入院が必要となり、二ヶ月近い入院生活を余儀なくされた。

だが、そうした対策が功を奏した。一九九〇年九月、真理は第一子の長女を出産した。

この新たな命――孫の出生は、小倉夫妻には大きな心理的な変化をもたらした。とりわけ玲子には顕著で、真理からその事実を告げられたあと、こんな句を詠んでいる。

〈妊《みご》りし子と海を見る春の暮〉

誕生二日前の十字架祭には、震える気持ちが伝わるような句を記している。

〈胎の児の強き心音十字架祭〉

そして真理の初めての子を自分の目で見たあとは、ためらいを振り払い、喜びを解き放った。

〈さわやかや混血の子の蒙古斑〉

小倉が孫のことを句に詠むのはもうしばらくあとのことだが、玲子はすぐに句を詠んだ。孫が眼前に現れたことが二人の気持ちを和らげたのは疑いなかった。

真理の第一子が生まれてから約一ヶ月後、小倉夫妻は揃って全運研の欧州研修旅行へ出かける。研修の合間にパリやローマの教会を回るなかで二人は何を語らい、それまでの日々をどう顧みたのか。

だが、穏やかな日は長くは続かなかった。突如、玲子がなくなったからだ。

葬礼の席の告白

こんなに白い骨があるのか――。

元全日本トラック協会の高田三省にとって、玲子の葬儀で強く記憶に残っているのは火葬時の骨だった。あまり関係ないことかもしれませんが、と断ったうえで高田は続けた。

「葬儀に際して火葬場で骨上《こつあ》げをさせてもらったのですが、玲子さんのお骨は真っ白だった。あんなきれいな骨はいままで見たことがない。なぜあんなにきれいだったのだろうと不思議でしたね」

その火葬の数時間前、多くの人は別のことに心を打たれていた。

告別式は、西麻布にあるカトリック麻布教会で行われた。密葬というかたちだったが、多くの参列者がやってきた。参列者は見慣れない外国人男性が遺族席、それも喪主の小倉のすぐ近くに座していることに気づいた。

献花を前に小倉はあいさつに立つと、溢れ出る感情を懸命に抑えながら、亡き妻の話を語った。まもなくすべての参列者が緊張した。きわめて機微に触れる内容を小倉が語りだしたからだ。

この数年自分と妻は娘の交際に悩んでいた、娘は黒人のアメリカ人と交際していた、私たちはそれを防ごうとしたが、うまくいかなかった。そして、娘の交際が妻にとって大きなストレスや狭心症に影響しており、ついには命まで奪ってしまった。私たちは間違っていた。自分たちは差別をしないと言いながら、心ならずもそうしてしまっていた。それは娘にとっても彼にとっても、そして私たち夫婦にとっても大きな間違いだった……。

参列していた伊野は、心にのこるあいさつだったとしつつ、小倉にとってもつらい告白だったろうと振り返る。

「自分たちが黒人を蔑視していた、間違ったことをしていたと認めた。あのあいさつは小倉さんの懺悔《ざんげ》でした。それをダウニィの目の前、また、多くの参列者のいる前で行った。勇気のいることですし、当人にしてみれば、つらいことだったと思います」

参列していた味の素物流の元社長、坂本勲夫も妻に対する深い思いに胸を打たれたと懐かしむ。

「なかなか公言できることではない泣かせるあいさつでした。奥さんは心臓を悪くしていて、小倉さんはずいぶんそれを気にかけていた。また、奥さんは小倉さんが先になくなって一人になるのは嫌だから、逝くときは私が先ねとつねづね言っていたんですが、それが現実になってしまった。そして自分の過ちを語る。本当につらかったと思いますね……」

また、高田三省は、自分がその場についていれば、間に合ったかもしれないという小倉の言葉に悲痛なものを感じた。

「私と小倉さんで武蔵小金井で一緒に飲んでいたあの晩、奥さんが葉山のマンションではなく、南青山のマンションにいたら、間に合ったかもしれないと小倉さんはのちに語っていた。『自分がそばについていれば、助けられたのに』という、なかば後悔のような思いでした」

それからしばらくの間、小倉は抜け殻のようだったという。

二ヶ月後、小倉はヤマト運輸で四年間務めた会長職を辞して相談役に退き、実務的な仕事から離れた。また、家庭では一時期離れて住んでいた玲子の母、望月きみゑを葉山のマンションから呼び寄せ、再び一緒に暮らすことになった。習慣となっていたカトリック麻布教会への朝の礼拝は続けたが、毎月通っていた北海道への視察旅行は中止した。

見た目にも「がくんと力が落ち」、精気を失っていたのが玲子なきあとの日々だった。

会社に出ても実務としてやることは多くない。家には連れ合いはいない。仕事があっても集中力をもってできたかどうかあやうい。

俳句ですら、この時期に書いた作品は、どこか空虚さやおざなり的な印象を感じるものが少なくない。

〈全山の落葉松《からまつ》若葉静かなり〉（一九九一年七月）

〈梅雨寒しホームの時計かちと鳴り〉（一九九一年八月）

どの関係者に尋ねても、この時期の小倉の印象は変わらなかった。

長年の伴侶をうしなった喪失感に囚われ、生きがい、生きる糧を見失っていたという印象だ。役職を退任して実務がなくなり、個人的な関心に存分に使える時間もあった。

宗教的な内的対話をしていたのでは、という意見もあれば、生と死ないしは信仰といった人生の本質に関わる課題を考えていたのかもしれない、という見方もあった。小倉さんのことだから何も考えていないということはないだろうと語った人もいた。

論理的に考えぬくという小倉の思考からすれば、なぜ死んだのか、なぜ死なねばならなかったのか、どうすれば避けることができたのか、玲子の死をめぐってあらゆる問題を考えたとしても不思議ではなかった。

そんな小倉が玲子に絡んで一歩踏み出したのが、北海道・十勝カルメル会修道院と玲子の故郷、静岡県蒲原町（現静岡市清水区）への福祉基金への寄付だった。

修道院に対し、小倉は寄付は玲子の遺志と説明し、蒲原町に対しては故人が生前かの地でボランティアをしたいと話していたからと説明した。前者に三千九百万円、後者に一億円。けっして小さいとは言えない金額を、玲子の他界から半年という時期に出した。この二つの寄付行為が小倉自身にも何らかの目覚めや意識変化をもたらしたと考えても不思議ではないだろう。

そうしたなか、小倉自身にも災難が降りかかってきた。がんである。

「おれは生かされている」

どう見ても、小倉さん、どこかおかしいよね——。

そんな会話がヤマト運輸の秘書課で話されるようになったのが一九九二年の夏だった。

前年春、玲子の死でめっきり力を落とした小倉は年を越しても、本調子にならないまま日々を過ごしていたが、夏になってその体調の悪さが目に見えてはっきりしてきた。顔色が土気色のようになっていた。だが、気軽に尋ねて聞く耳をもつ人ではない。

そこで秘書課長の岡本和宏が課内の声を受けて、折り入ってという形で小倉に打診した。

「相談役、口を出すようで憚られますが、どうもお体の調子がよろしくないように見えます。精密検査を受けていただけませんか」

だが、小倉は聞き流すような返事だった。

「いや、そんな必要ないよ」

小倉は言い出したら聞かず、同じ話を二度はしない。その頑固さを知っていたので、岡本は社内にある診療所、ヤマト運輸医務室の女医に相談した。おそらく急いだほうがいいので、女医のほうから強制的に検査を入れてほしいと。

事情を理解すると、女医は急遽九月初頭に目黒にある病院に依頼して、小倉を人間ドックに押し込んだ。最初の検査では何も問題ないという検査結果だったが、そんなはずはない、念のためと再度検査を行った。そこでがんが見つかった。

担当医は小倉さんは運がいいと岡本に話した。

「腎臓に二つがんがあります。もう少し放っておいたら腎臓が破裂し、手がつけられなくなるところでした。いま手術すればきれいにとれる。任せてください」

当時、がんはまだ不治の病と言われていた時代だったが、担当医は告知もためらわなかった。すぐ手術を行うと、無事成功させた。退院は一ヶ月半後の十月下旬だった。

その間、岡本は小倉の病状が外部に伝わると株価や同業他社への影響などが大きいと判断、小倉と打ち合わせたうえで各方面には前立腺肥大症と伝えていた。ところが、入院中の一時帰宅で経営戦略会議に出席した小倉は、その直後に秘書課に立ち寄ると岡本にニヤッと笑って「言っちゃったよ」と漏らした。岡本は弱りましたと苦笑する。

「その直後、当時社長だった都築幹彦さんから呼びだされて叱られました。『そんな大事なことを私たちに隠すとは何事だ！』と。だから、いつどのように言うかが考えどころだったのです。でも、小倉さんは治った喜びもあって早く言いたくて仕方なかった。おかげで私は周囲に叱られました。でも、小倉さんのうれしそうな表情を見て、しょうがないなと思いました」

周囲の評価で一致していたのは、この腎臓がんは前年までの過剰なストレスが原因だろうということだった。原因は事業ではなく、家庭だ。

小倉が会長になったのが一九八七年。そこから退任するまでの四年間、ヤマト運輸は動物戦争での同業他社への勝利はもちろん、クール宅急便（一九八七年）の導入とヒットなど好調で安定的な発展を遂げていた。だが、家庭ではつねに心中休まらない波乱の日々が続いていた。そして、会長職退任直前の妻の他界。ひと目で意気消沈とわかる気力と体力が急減した生活のなかで、体調が悪くなったのは当然のことと思われた。

そして、この一ヶ月半のがんの手術と入院が、小倉の心中を揺るがせた部分はあるだろうと岡本は言う。

「小倉さんの好きな言葉に『おれは生かされているんだよ』というのがありました。この言葉は何度となく聞いた覚えがあります。小倉さんは若い頃にたびたび生と死の間をくぐり抜けていて、それがその発想に関係していました。戦争末期、東大生のときには学徒動員で召集までされた。しかし、戦地には赴くことなく、終戦で命拾いした。ヤマトに入社すると、今度はまもなく結核にかかった。そして四年七ヶ月もの間、静養を余儀なくされた。この時も死を覚悟したけれど、特効薬の入手など幸運があって救われた。つまり、生死の間を早くに体験しているんです。そして、この頃、奥さんの死を経験したかと思ったら、翌年には自分ががんになった。しかし、このがんでも治療がうまくいって、生きることができた。このとき『また自分は生かされた』と感じた。何度も死の脅威に直面し、幸運にも生き延びてきた。必然的に、生と死について考えただろうと思います」

若い頃にかかった結核で、生と死への思索を深めたことは小倉自身がたびたび語っている。当時結核は「死の病」とされていた。実際小倉の二番目の継母・芳は康臣との再婚からわずか四年の一九四四年に結核でなくなっていた。小倉がその結核にかかったのはそれから四年後の一九四八年。死に怯えたのも無理はなかった。

だが、幸運があった。当時大和運輸は進駐軍の物資輸送を請け負っていた。その関係で米軍がもつ抗生物質ストレプトマイシン、結核の特効薬をいち早く入手することができたのである。それが小倉の体調が劇的に改善した要因だった。こうした経験の積み重ねが生と死への深い思索に駆り立てたのではないかと岡本は考える。

さらに言えば、小倉ががんにかかった一九九二年には小倉が「生」を実感することがもう一つあった。五月、真理が第二子の女児を出産したのだ。小倉は玲子の母・きみゑとともに二人の女児としばしば戯れることになった。

当時、自宅にマッサージの施術で往診していた児嶋洋子は、小倉の表情がそれまでの生活にないやさしいものになっていったことをよく覚えている。

「当時、長男の康嗣さんも男の子のお子さんを連れてくることがありました。康嗣さんの息子さんは、穏やかなおりこうさんでお行儀がいい。だから、家に来ても適度な距離で小倉さんと接するわけです。ところが、真理さんのところのお嬢さんたちは、思い切り『おじいちゃーん！』と小倉さんに飛び込んでいく。感情の出し方がダイレクトで、子どもっぽい。小倉さんにしてみると、どちらのお孫さんも好きなんだけど、やはり思い切りぶつかってくる女の子たちのほうがうれしそうだった。『こらこら』などとあしらいながら喜ぶ顔は、それまでにない表情でした。ああ、おじいちゃんの顔になっている……と思ったものです」

生命感あふれる子どもや赤ちゃんに触れ、生の喜びを感じていたのだろう。

そうした頃に詠んだ句に、はじめて孫のことに触れた句があった。

〈唐黍《とうきび》や混血の子の歯の白き〉（一九九二年十二月）

小倉は、俳句にも詠めるほど状況を受け容れる心境になっていた。

そして、こうした孫との生活が、病にかかった自分自身をも前向きにしたのだろうか。この入院の時期には自虐的なユーモアのある句までつくっている。

〈爽やかや剃毛済みしまらふぐり〉（一九九二年十二月）

〈螻蛄《けら》鳴くやちりちり疼く手術痕〉（一九九三年一月）

妻がいなくなったあとの生活に変化がもたらされ、自らの病も乗り越えた。そして、まだ活動できる体力もある。そう考えたとき、なき玲子の思い――ボランティアを思い出した可能性がある。

マザー・テレサを敬愛していた玲子が生前、六十歳を過ぎたらボランティアを行いたいと言っていたことは、多くの関係者が聞いている。玲子はなくなる三～四年前からその思いを公言していた。ただし、ボランティアの具体的な対象ははっきりしていなかった（蒲原町に行った寄付では高齢者のための福祉基金とされ、障害者は含まれていなかった）。

そして、一九九三年、小倉は福祉財団を設置することを決意する。福祉の対象は障害者――

身体障害、知的障害、精神障害と絞っていた。しかも、私財の三分の二を投じる大胆さだった。

妻の死後半年を待たずに行った、修道院と蒲原町への二つの寄付。その後、自分自身ががんで手術・入院という体験をした。その経験を踏まえた結論が福祉財団設立──。

小倉と親しくしていた側近たちは、こうした流れを踏まえて、福祉財団の構想は玲子の死があってのことだろうと口を揃える。

「もともとヤマトは運送業なので、昔から交通事故には会社として注意していました。労組としては一九八七年に交通遺児育英会に寄付をはじめており、寄付行為への理解は親しみがあった。だから小倉さんが寄付を言いだしても驚きはなかった。実際、『宅急便の成功はお客さんあってのこと。社会に恩返ししたい』というのが小倉さんがつねづね言っていたこと。そうした社会への寄付や貢献はヤマトというか、小倉さんの遺伝子のようなものです。だから、福祉財団という構想を聞いたときは、なんとも小倉さんらしいなと思いました」

そう元ヤマト労組の伊野が言えば、財団立ち上げ時に協力を請われた元全日本トラック協会の高田も奥さんとの考えは改宗の二年間と同様に大きな影響があるだろうと指摘する。

「小倉さんがプロテスタントからカトリックに改宗したのは奥さんと同じ宗派にしたかったからで、その奥さんにはキリスト教的な意識でボランティアをしたいという思いがあった。小倉さんはつねに奥さんに寄り添う傾向がありました。改宗もそう、俳句もそうです。もともと俳句の同人誌『鷹』の同人だったのは玲子さん。その玲子さんについて、小倉さんも俳句をやりだした。そう考えると、玲子さんの遺志に寄り添って、自分なりに形にしたのが財団だったんじゃないかと思います」

こうした解釈はわかりやすく、小倉の周囲にもそう捉えている人は複数いた。

だが、この財団設立に首をひねった人がいなかったわけではない。

秘書の岡本は財団の話には賛意を示したものの、疑問をもった一人だった。過去を振り返って、小倉が福祉に関心を示したことは一度としてなかったからだ。少なくとも秘書課長として関わったかぎりでは、と条件をつけたうえで岡本が言う。

「寄付でも福祉でも対外的な活動があれば、その把握や対応は私の仕事だったので覚えているはずです。でも、そうした活動は一度もありませんでした。実際、小倉さんの関心もなかったように思います。だから最初に構想を聞いたときには、すばらしいと思うと同時に、なんでだろうと意外な印象ももちました」

寄付を「善行」という大きな枠で考えると、修道院も蒲原町の福祉基金も福祉財団もすべて同じ枠に入る。また、そう括ると一連の行動がすべて連なって見える。

だが、よく考えると、共通しているのは寄付行為だけであり、寄付先は宗教施設、自治体のボランティア、そして障害者とすべて異なる。

それで小倉はよかったのだろうか。考えても納得がいかなかったのが、やはりこの動機の部分だった。

そう疑問を感じた人は過去にもいた。『小倉昌男の福祉革命』という本の著者、建野友保も疑問を感じていた。

〈それにしても、小倉はなぜ財団の設立を思い立ったのか。そして、財団活動の重点に障害者福祉を選んだのは、どのような動機なのだろう。〉（『小倉昌男の福祉革命』）

そう考え、初めてのインタビューに際してその点を尋ねた。だが、「小倉の答えは実にあっさりしたものだった」。

〈「よく聞かれる質問なんですが、何か特別な出来事があったわけじゃないんです。何となく、ハンディキャップをもっている人が気の毒だから、何かしてあげたいという、ごくごく一般的な動機なんです」（中略）

何だか肩すかしを食らわされたような答えだった。〉（同前）

やはり納得できる返事は得られていなかった。

もともと小倉は育ちが裕福だったこともあって、あまりお金にこだわりのある人ではなかった。だが、いかにお金に興味がなかったとしても、数十億円という私財を第三者に提供するということは、「何となく」でできることではないだろう。

では、なぜ小倉は私財を障害者福祉に捧げようと思ったのか。
それを知るには、財団発足以後の足取りをおさえておかねばならなかった。

第5章

孤独の日々

産経新聞社

福祉財団で小倉は障害者の働くパン屋
「スワンベーカリー」を設立する

サービスが先、利益が後

二〇一二年夏、ヤマト福祉財団が行った寄付は世間を驚かせた。

二〇一一年七月から翌年六月までの一年間、ヤマト運輸が扱った宅急便一つにつき十円を東日本大震災の被災地に寄付すると発表したのだ。取扱量十三億個あまり、それに財団からの直接の寄付を合わせて、総額百四十二億八千四百四十八万七百五十一円。支援先は地元企業や団体など、現地の産業や雇用を支えるものが中心だった。一企業による寄付としては比類がないほど突出した額だった。

このヤマトの寄付は金額も桁外れに大きかったが、ヤマトとしては、せっかく拠出する寄付金を税金を引かれずにそのまま現地に寄付したいという希望があった。寄付を決断したのは、二〇一一年四月にヤマトホールディングスの社長に就任した木川眞だった。木川は財務省に交渉し、事業内容を採択した対象に直接寄付できる特殊なスキーム「東日本大震災　生活・産業基盤復興再生募金」を認定してもらうと、ヤマト福祉財団から提供するかたちで実施することになった。

だが、そもそも百四十二億円といえば、前年度のヤマトグループの純利益の約四割にも相当する額だった。そのため木川はヘッジファンドを含む主要投資家など株主にも合意を取り付けに海外に出向いたりと、ステークホルダーへの配慮も忘れていなかった（実際には投資家からは全面的な賛同を受け、「反対する人がいたらおれのところへ連れてこい」とも言われていた）。

この年、木川はこの寄付を決断した理由について、こう語っていた。

〈壊滅的被害を受けた東北地方には農産物・水産物の生産拠点が多数あり、長年にわたって「クール宅急便」を大きく育ててくれた地域である。その恩返しをしなければ、と思った。

そこで考えたのが「宅急便1個につき10円を1年間積み立てて寄付する」という支援だった。1回で出すのは難しい金額でも、年間で取り扱う約13億個の荷物につき1個10円を積み立てていけば可能になる。それだけでなく、宅急便を利用されるお客様にも、復興支援に参画していただけることになる。〉（「ＳＡＰＩＯ」二〇一二年十一月号）

東北への恩返しがまず一つ。と同時に、もう一つ木川の胸にあったのが、創業者・小倉昌男が繰り返し語っていたメッセージだった。

〈震災に遭遇したのは未曽有の〝ピンチ〟ではありましたが、社員に対して平素からいっていた「世のため人のため」「サービスが先、利益は後」という理念経営を具体的な形で見せる機会でもありました。（中略）大きな決断にあたっては、「小倉さんだったらどうするだろう」と考えるのです。「小倉さんなら、今の環境の中、何をするだろうか。震災直後のこの状況だったら、小倉さんも宅急便1個につき10円の寄付をきっと認めてくれるだろう」と自分に言い聞かせているところはあります。〉（「プレジデントオンライン」二〇一五年四月七日）

東日本大震災に際しては、早くからヤマトの活躍は知られていた。各地域のセールスドライバー（配達員）が事業とは別に、自発的に地域の支援に取り組んでいたからだ。働きも多様だった。救援物資の配送はもちろんのこと、行政と連携するほどの正確さで一人ひとりの避難先を調べ、避難者への荷物を配達したり、避難所での荷物整理をしたり。ヤマトに根付く社会貢献の精神がいかんなく発揮されたのが、あの震災だった。

現在、ヤマト福祉財団の定款には、その「目的」に次のような項目が追加されている。

〈また、震災など国内緊急災害発生時には被災地の個々の生活・産業基盤の復興と再生支援を行うことを目的とする。〉

ただ、小倉が財団を設立した当初は、その目的は絞りこまれていた。障害者の「自立」と「社会参加」。その設立趣意書は小倉昌男自身が記していた。

〈今、最も求められている事は、（障害者が）戸外に出て社会の風にあたる機会を少しでも多く持つことです。〉

〈（企業が社会貢献活動の社会的責務を果たし、）障害者が家庭や地域社会において、明るく暮らしていける社会環境づくりへの努力を末長く安定的に支援するため、ここに財団法人ヤマト福祉

財団を設立しようとするものです。〉

ただし、財団発足当初、こうした活動が注目されることはなかった。一九九三年当時、財団はほとんど記事にされることがなかった。社会が見ている小倉はあくまでも宅急便の創始者であり、規制緩和の闘士だった。

この財団をつくった年、小倉はヤマト運輸の会長に復帰しているが、メディアはこちらのほうに関心を寄せることがほとんどだった。

もとよりヤマトでは、社長職は六十三歳を、会長職は六十七歳をその上限年齢と定めていた。この方針は創業者の康臣が長くその座にこだわったことで会社の経営を傾けた失敗を念頭に小倉が決めた方針だった。にもかかわらず、その方針を決めた矢先に、自らがその規則を破って代表取締役会長に戻った。

小倉はその判断を「みっともない」と公言し、恥ずかしがっていたが、そうせざるをえない状況もあった。自著では、その理由を「社員のクレーム隠し」だと記した。

相談役になってから交通事故の隠蔽を耳にするようになった。事故を起こすと、上司がその事故を隠すとともに、弁償のお金を架空のアルバイト給料として出していた。現場は全員知っているが、上には伝えず、組合のルートを使って報告していた。

〈私が相談役になってから、そういった事実があまりに多いのに驚いた。これでは白蟻が土台を食っている家屋のようではないか。近い将来に会社が腐敗して倒れる姿を想像し、私はぞっとした。

そこで、二年経った次の役員改選期に、恥を忍んで再び会長に復帰した。二年の任期の間に会社を浄化し、経営の根幹をしっかり建て直そうと、決心したのである。〉(『小倉昌男　経営学』)

だが、関係者の多くは復帰した理由はそれだけではなかったと考えている。当時「伝言ファックス」という通信サービスも新ビジネスとして手がけられていたが、これはコストが増えるばかりで売上に結びついていなかった。

ほかにも問題があったと業界紙「物流ニッポン」の専務、北原秀紀が言う。

「当時、ヤマトが出資していた四国高速運輸という徳島県の運送会社が連続事故を起こしていた。そこでヤマトが同社を買収して経営を再建しようとしていたのですが、その管理がうまくいってなかったのです」

社内の風紀の乱れだけでなく、そうした経営の弱体化を懸念して小倉は会長に復帰したのだろうというのが関係者の一致した見方だ。

この会長職への復帰について、小倉は本当はやりたくないという言葉を複数漏らしている。だが、同じ時期に決めた福祉財団については乗り気だった。

財団を立ち上げるにあたっては、小倉が提供する私財のヤマト株式だけでなく、ヤマト運輸及びヤマト労組からの出資もあった。ヤマト運輸本体からは発足時に五億円の寄付があり、個々の社員からは自主的な「賛助会員」という形で寄付を仰いだ。この賛助会員になると、年二回のボーナス時に五百円を自動的に寄付する。年二回で計千円は個人としてはけっして多額ではないが、ヤマト運輸の社員数は当時五万五千人（二〇一五年現在、約十六万人）。賛助会員の割合は七割、三万五千人が参加した。それだけで年三千五百万円が寄付されることになった。

財団はこれらを原資として基本財産とし、国債などの手堅い投資で年五パーセント程度運用し、その運用益で事業を回していこうと考えていた。小倉がヤマト本体に戻ることは、こうした財団の仕組みを堅固に支えるうえでも財団にとって必要だったとも言える。

ただし、財団は発足したものの当初は事業の中身を固められていなかった。

小倉自身、〈おかしな話ですが、財団をつくってから、『何をしようか』となった。〉と自著で打ち明けているが（『福祉を変える経営』）、具体的な活動内容がはっきりしておらず、障害者団体に助成事業の案内を送って申請があれば助成するという散発的なものだった。

その変化が訪れたのが一九九五年一月の阪神・淡路大震災だった。

被災した現地の障害者の小規模共同作業所を支えるために、財団常務理事となった高田三省が大阪に三百万円を届けに行ったことがきっかけだったのは先に記したとおりである。

そして、きょうされん常務理事の藤井克徳は、小倉を各地の障害者施設、小規模共同作業所などに案内し、小倉は自分の目と耳で障害者を取り巻く環境を理解していった。

大企業に対しては障害者雇用促進法という法があり、常用従業員の一・八パーセントにあたる障害者を雇用しなければならないが、多くの企業はその不足人数分を一人あたり五万円納付することで回避していた。一方で、障害者を専門で雇用する共同作業所では、月額約一万円と賃金が安い。実際には仕事をするというより、そこに集まって日中を過ごす「デイケア」が目的だった。こうした作業所態勢では障害者はいつまで経っても経済的に自立できない。

そんな現状を視察するうちに、小倉は共同作業所界に欠けているものに気づいた。

共同作業所を「経営」するという概念だ。消費者のニーズにあったモノ・サービスを提供して、その対価も高め、その分、労働者の給与に反映させる。それは福祉の世界の考えではなく、経済の仕組みを理解した経営者の考えだった。そのためには共同作業所の運営者の人たちの考えを変えてもらわねばならない。

そう考えた小倉は、藤井や高田とともに各地で経営セミナー（「パワーアップセミナー」）を開くことにした。

タイミングもよかった。ヤマト運輸の会長職は一九九五年六月で退任し、完全にヤマト運輸の経営から外れた。小倉の肩書は名実ともに「ヤマト福祉財団理事長」になり、財団での仕事に専業的に取り組めることになったのである。

新たな生きがい

経営セミナーのアイデアをもちだしたのは、財団常務理事の高田三省だった。それは四半世紀近く前の「昔取った杵柄《きねづか》」だった。

「かつて若い運送会社の社長や経営者を集めてはじめた全運研（全国運輸事業研究協議会）で、いちばんの売りだったのは小倉さんの基調講演でした。話は論理的だし、業界の抱える問題点を的確に指摘する。この種の講演だったら小倉さんも慣れているし、財団でも運営できるだろうと思ったんです」

福祉にビジネスの発想をもち込むこの経営セミナーは、行ってみると各地で好評だった。当初は全国七ヶ所（その後十数ヶ所）で、毎回三十人程度の参加者、二泊三日で話し合うという内容だった。先にも記したように、このセミナーの参加費用や交通費や宿泊費はすべて財団が負担した。

こうしたセミナーでは「福祉の現場で経営なんて考えは市場原理主義だ」、「福祉で金儲けなど必要ない」といった批判も湧いた。だが、世の中の経済の仕組みや、利益あってこそ被雇用者＝障害者の賃金を上げ、暮らしを改善できるはずだと小倉がゆっくり説いていくと、たいていの批判は消えてなくなった。高田が言う。

「福祉業界の人は『金儲けが悪』という考えがわりと多く、まずその前提の考え方から変えないといけなかった。金儲けが汚いのではなく、必要なお金がないと事業も生活も続かないというところから教える必要があったのです」

だが、そうした対立的な議論や討論ですら、小倉は楽しんでいるように高田には映った。イデオロギーをもって語る人に対しても、批判などに陥らず仕組みを理解するところから話していった。そして、二泊三日の合宿が終わる頃には誰もが語り合える仲になっていた。

きょうされんの藤井は、その積極性と好奇心の強さに深く感心していた。

「一流の人は概して好奇心が強く、驕らない気風がありますが、小倉さんはまさにそういう一流の品格を備えている方でした。小倉さんにとって福祉は知らないことだらけだったと思いますが、新しい世界を知ることに非常に貪欲でした」

小倉としても、この業界に関わることは新たな冒険でもあり、うがって言うなら、三度目となる「お上への挑戦」でもあった。一度目は運輸省、二度目は郵政省、三度目は厚生省（現厚生労働省）が対象だった。

というのも、もともと障害者団体は厚生労働省の管轄に入ることが多く、年金や助成金など、さまざまな制度が厚労省経由で行われる。また、厚労省が認定する授産施設では、建物も立派なうえ、制度上も手厚くつくられていた。だが、藤井が関わるきょうされんは、そうした国の支援とはほとんど無縁の小さな団体（共同作業所）の集合体だった。

事実、きょうされんは厚労省からまったくお金をもらわずに運営していた。小倉はきょうされんのそうした頑固さが気に入っているようだったと藤井が言う。

「小倉さんが自身のことでたびたび口にしていたのは『自分は町民だから』という言葉。もちろん彼は東大を出て、家もいい生い立ちだけど、町民出身で公には頼らないのを誇りにしていた。健全な在野という感じだった。その意味で、共同作業所の経営を改善し、地位を高めるというわれわれの目標は、小倉さんの気持ちに火をつけるものがあったのだと思いますね」

そんな小倉がさらに「実践者」として足を一歩踏み出すことになる出会いが、一九九六年にあった。タカキベーカリーの社長、髙木誠一である。

広島に本店を置くタカキベーカリーは「アンデルセン」や「リトルマーメイド」などのベーカリーチェーンを全国展開する企業だが、社長の髙木はかねてより宅急便ネットワークを構築した小倉に関心をもっていた。

そこで、髙木は自社で発行する社内報の企画として小倉に面談をとりつけ、インタビューを行った。すると、そのときのインタビューで話は思わぬ方向に展開した。小倉は自分自身がアンデルセンが好きで表参道店でよく購入しているだけでなく、じつは障害者雇用の一環としてパン屋をやってみたかったという話に発展したからだ。

東京で小倉に会うと、髙木は小倉の強い好奇心に驚いたと振り返った。

「実際につくっている現場をご覧になりたいと言うので、翌一九九七年、何回かに分けて工場をご案内することにしたのです」

さらに驚いたのは、小倉がただ見学するだけでなく、自らパンづくりの工程を体験してみたいと言い出したことだった。白衣を身に着け、白帽をかぶった小倉はパン生地の工房や食パンのスライサー作業などを自ら体験した。パンづくりにはどんな作業や工程があるのかを身体で把握していった。そうした体験を試みたのは、障害者が作業としてどの程度できるのかを感覚的に理解するためでもあったようだ。その現場を見る目に髙木は小倉の本気を感じた。

「パンを焼く窯《かまど》ではやけどがないか、ラックやケースの重さはどれくらいか、それを知るためにあの歳で体験する。さすが『サービスが先、利益は後』など、品質やサービスを第一にしてきた人だと思いました」

そうした髙木との交流の先に、小倉が設立を決めたのが「スワンベーカリー」（株式会社スワン）というパン屋だった。スワンは解凍したら焼くだけの状態の冷凍生地をタカキベーカリーから仕入れ、店舗で焼きあげて販売するというベーカリーで、従業員は身体や知的、精神などさまざまな障害者を雇用した。

最初の店舗は銀座にあるヤマト運輸本社の隣、ヤマト福祉財団の一階で、一九九八年六月にオープンした。味では定評のあるタカキベーカリーの商品に加え、身体ないしは精神に障害のある人が働くスワンは話題となり、直営店だけでなくフランチャイズ店も首都圏を中心に広がることになった。

二〇〇一年十一月、直営二号店である赤坂店（日本財団ビル）の開店時には、時の首相である小泉純一郎やハワード・ベーカー駐日米大使までオープニングセレモニーに駆け付けた。小倉は九〇年代から郵政民営化を中心に小泉と親しい関係を築いており、小泉、細川護熙元首相、田中秀征元経済企画庁長官らで結成する「行政改革研究会」という研究会にも参加していた。人気も高く、公務で忙しい首相の小泉がわざわざスワン赤坂店の開店に駆けつけたのは、長年の小倉との信頼関係があってこそのことだった。

その後スワンはフランチャイズを中心に発展し、二〇一五年時点では二十九店舗まで増えた。タカキベーカリーはスワンに対して商品の取引だけでなく、健常者、障害者ともにした技術研修会も年二回行っている。スワンがいまでも店舗を広げられているのは、小倉の遺志があってのことだと高木は実感している。

「『障害者もきちんと教えると、言われたとおりに仕事をこなすことができるんですよ』と小倉さんはうれしそうに話していた。正直に打ち明けると、本当にできるのか私は心配していました。ですが、実際はじまってみると、パンを焼くのも袋詰めも店頭での品出しも立派に仕事ができていた。小倉さんの言うとおりで、さすがだと思いました」

小倉自身、スワンの成功には大きな手応えを感じていた。

財団発足当初に掲げた「障害者に月十万円」という給与を実際に支払うことができたためだ。スワンではベーカリーとカフェで健常者と障害者の比率を変え、作業時間も工夫をこらしたことが成功につながった。

〈(銀座店では)売上高も一日二〇万円弱あります。

この話をセミナーで作業所の方々にお話しするとみんなびっくりします。二〇万円って一カ月の売り上げではないのですか、と。かくして、このスワンベーカリーは毎年たくさんの共同作業所の方たちが見学にいらっしゃるようになりました。〉(『福祉を変える経営』)

そう述べる小倉の筆致には、どこか得意げなさまが滲《にじ》む。

当初は「なんとなく」でしかなかった障害者福祉の目的が、わかりあえる同士や仲間を得て、明確な姿を描きだし、ついには実践者として福祉に貢献する。ヤマト運輸時代の宅急便での成功体験を、福祉の分野でも実現しつつあった。

それはヤマト後の新たな生きがいの探索だったとも言えるだろう。財団で小倉をサポートしていた高田はこうした日々のなかで、小倉は生き生きとしていったと語る。

「若い頃、全運研で講演をすると多くの人が小倉さんの話を聞きにきて、次々と小倉シンパが増えていった。それから時間を置いて、小倉さん自身が宅急便という事業で大成功した。そして、六十歳を過ぎて、今度は福祉の世界に入った。また物流のときのように、セミナーでの講演からはじめて関係者の支持を得て、スワンの事業でも成功しはじめた。これ、すごく展開が一致しているんです。ヤマトのときと似たような体験が福祉で起きていた。これに小倉さんは自信をつけたんだと思います」

こうした福祉活動に邁進していくなか、小倉は自分自身の内面的な世界も充実させていく。

この頃、小倉が取り戻したのが旅の喜びだった。経営セミナーで毎月全国各地に出張しただけでなく、妻と繰り返し足を運んだ北海道へもまた次第に定期的に訪れるようになった。

そんななか、長年訪れたかった場所にも足を運んだ。イタリアのアッシジである。

一九九六年のゴールデンウィーク、欧州旅行に行く企画が小倉の周辺でもちあがった。

主催はヤマト運輸の子会社。イタリアの各都市周遊にフランスのパリとベルサイユがつくという旅行で、参加者は社員、労働組合の幹部のほか、全運研の関係者も入っており、実質的に「小倉昌男とその仲間たち」というメンバーとなった。

目的地は、イタリア北部のミラノから入り、ベニス、フィレンツェ、ピサ、ローマへと南に進み、バチカン市国まで見学する。その後はパリへ飛び、ベルサイユを見てから帰国という流れで、計十一日間の旅程だった。要は、イタリア観光の名所を詰め込んだ周遊で、充実した内容から参加者も増え、家族連れも含め二十八人という所帯となった。現地では添乗員が案内して回るスタイルで、各地の史跡や名所を日々移動しながら巡ることになった。

そんななか、はじまって三日目、小倉は突然添乗員に「ちょっといいだろうか」と相談をもちかけた。聞けば、フィレンツェの見学のあと、小倉はピサの斜塔見学には参加せず、別の場所に行きたいと語った。どちらでしょうかと問うと、こう答えた。

「アッシジです。ここだけ自分で回ってもいいですかね」

突然の旅程変更の要望に、やや添乗員も戸惑った様子だったとツアーに参加していた元秘書課長の岡本が振り返る。

「どこに行きたいんですかと聞いたら、『アッシジの聖フランチェスコ聖堂だよ』と仰った。そのときには、そうか、カトリックの信者として何か見たい施設なんだろうな、ぐらいにしか思わなかったんです。それでも、『小倉さんが行くなら、私も行きます』と同行することにしました」

結局、小倉、岡本、高田、添乗員の四名でフィレンツェからタクシーを借り切ってアッシジに向かうことにした。フィレンツェからピサまでは五十キロメートルほどだが、フィレンツェからアッシジまでは百キロメートルを超す距離。二時間あまりかけて、丘陵部の素朴な街、アッシジを目指した。

街に着くと、小倉は迷わず丘の上にある聖フランチェスコ聖堂を目指した。十三世紀につくられた古く小さな聖堂だったが、小倉は感慨深げに見学し、そして、祈りを捧げていた。この聖堂で祀られていたのは、十二〜十三世紀に存在したアッシジのフランチェスコと呼ばれる修道士で、のちにイタリアの守護聖人となった人物だった。

熱心に祈りを捧げる小倉に、岡本は疑問を覚え、なぜここだったのかを尋ねてみた。カトリック信者には有名かもしれないが、そうでない日本人にはあまり知られていない聖堂だったからだ。小倉は満足そうな表情で答えた。

「私の洗礼名がね、『フランシスコ・アシジ』なんだ。だから、せっかく近くまで来たんだったら、ルートには入ってなかったけど、来てみたくなってね」

それを聞いて、岡本も納得した。後に調べてみると、アッシジの聖フランチェスコは万物が兄弟と考え、清貧と平和を志向した聖人だった。その人となりもどこか小倉を連想させた。

「洗礼名はカトリック教徒にとっては重要なものでしょう。いわば心の拠りどころみたいなもの。それを聞いて、本当は最初からここに来たかったのだろうなと思いました。おそらくツアー参加者のことを考えて当初は言わなかった。でも、イタリアに来てみて、行けそうだとわかって打診した。そういうところも小倉さんらしい心づかいだなと思いました」

アッシジでは半日ほど、ゆっくりと聖堂を見学したのち、合流地点であるローマに向かった。ローマではバチカン市国の聖ピエトロ寺院を訪れ、パリなどを回って帰国の途についた。この欧州旅行は小倉にとっても充実し、楽しかったようで、複数の俳句を残している。


〈ゴンドラに潮差す音や明易《あけやす》き〉（一九九六年七月）

〈刻すごすスペイン広場夏時間〉（同前）

〈守宮《やもり》ゐてイエスの足の釘の跡〉（一九九六年八月）

当時、信仰のほうも一段と深くなっているようであった。

この頃、財団の高田三省は、小倉との会食の場でキリスト教について尋ねたことがある。小倉の信仰を否定するつもりはなかったが、ふだんは論理的な考えをすることを鑑みると、宗教はどう心のなかで折り合いがつけられているのか、知りたかったからだ。

「小倉さんはクリスチャンということは、神の存在を信じているわけですよね。その根拠はどういうものなんですか」

その問いに小倉は、静かに答えた。

「たとえば人間。この人間である自分の心身をつぶさに見るといい。こんな精緻《せいち》きわまりない創造物をだれが創りうる？　神以外ないではないか。神の存在を信じるゆえんだよ」

カトリック麻布教会への礼拝も頻度は減ったが続いていた。キリスト教精神に基づく考えや日々の祈りは小倉にとって欠かせない支柱となっていた。ただ、そうした姿勢を表に出すことはなかったと高田は言う。

「おそらく障害者福祉にもそうした考えが関係していた部分はあるでしょう。ただ、福祉に直接信仰的な部分を出すことはなかったし、個人的な思いにとどめていた。でも、旅行に出ると、現地の教会や聖堂には触れる。そういう使い分けをしていたようでした」

じつはこの年、一九九六年には小倉は個人の生活でも大きな決断をしていた。真理とダウニィたち家族のために南青山に一戸建ての家を建てたのである。

広い家

妻の玲子なきあと、玲子の母、望月きみゑは南青山のマンションと葉山のマンションを行ったり来たりして暮らすようになり、真理やダウニィの家族はダウニィが軍をやめた一九九二年春から南青山のマンションに同居していた。一九九五年春には、真理は近所の青山学院大学に社会人入学をした。

真理やダウニィ、二人の幼い女児という四人が同居する暮らしを、小倉は気に入ったようだった。孫娘たちが「おじいちゃん！」とじゃれついてくることを、いかにもうれしそうに周囲に話していたからだ。

そんな時期、家の隣が大騒動となった。家の真横のビルにオウム真理教の教団本部があったのだが、一九九五年三月、地下鉄サリン事件が起きたからだ。オウム真理教のもとには警察やメディアが連日押し寄せることになった。騒動の過程では、メディアなど衆人環視のなか、その教団本部前で教団幹部が殺されるという物騒な事件も起きた。

当時、真理の長女は四歳半、次女は三歳弱。幼い子どもをもつ保護者にとって、オウム教団本部の横という環境はいいとは思えなかった。小倉もまた、オウムの騒動が孫たちに悪い影響があるかもしれないと考えた。そこで、落ち着いた場所で全員が住める戸建ての家の建築を考えだしたのである。

小倉が選んだ土地は表参道駅に近い南青山三丁目だった。住み慣れた広尾周辺からはやや離れていたが、真理が通う青山学院大学には近い。文字通りの一等地だった。そこに床面積で二百平米を超す一戸建てを建設した。どの部屋も豪華で上品な内装が施されていたばかりでなく、足がやや不自由になった小倉自身のため、小さなエレベーターも設置された。

完成は一九九六年夏。岡本は「迎賓館のような家」と表現した。

「ものすごくお金がかけられた家でした。言うまでもなく、家をつくったのはお孫さんのためであり、また、真理さんのためでした。孫や娘が快適に暮らすために、それだけのお金をかけた。いわば彼女たちへのプレゼントでしょう。それは小倉さん自身が、そういうあたたかい家に暮らしたいという願望でもあったと思います」

真理とダウニィは、この時期、続けて第三子と第四子を授かっていた。家のできた一九九六年三月に第三子の女児が、翌一九九七年五月には第四子で初の男児が生まれた。新居は次第に賑やかになってきていた。

一方、家の外に出ると、小倉には財団以外の社会的な要請も増えだしていた。

「一九九六年、私が評議員を依頼すると、小倉さん本人が『私は運輸省には評判悪いからね』と仰っていた。こちらは、そうは言っても、と考えていましたが、彼の言うとおり、運輸省に打診したら、『あの人だけはダメだ』という強い拒否反応だった。本当だったと驚きました」

そう振り返るのは、日本財団会長の笹川陽平だ。日本財団は父、笹川良一が初代会長を務めた日本船舶振興会の後継団体で運輸省が所管。ハンセン病制圧や難病の子どもの支援、災害支援などで世界的に慈善活動をしている。

その活動や運営に外部識者として関わる評議員として小倉に白羽の矢を立てたのが、笹川だった。前年の一九九五年七月、笹川良一がなくなり、二代目の会長として作家の曽野綾子が選任されていた。曽野は小倉の妻・玲子と聖心女子大時代の同級生だった。そんな関係から挙がった人選かと思われたが、笹川によると、笹川はその事実を知らなかった。小倉を評議員に推挙したのは、曽野ではなく、笹川自身の意向だったという。

「小倉さんとのはじめての出会いは、一九八七年二月のことです。ある会合がきっかけで小倉さんに助言を求めたことがありました。当時、海上輸送の積み荷がトラック輸送にとられていた。その積み荷を海上輸送が挽回するには、高速船が必要だという話が出ていたのです。そこで物流に詳しい小倉さんに話を聞いてみようと、勉強会に出ていただいたのです」

高速船の速度は約四十ノット、陸路で言えば時速約七十四キロメートルの速さが予定されていた。通常の輸送船は二十ノット（時速約三十七キロメートル）。比べれば、倍以上の速さになるはずだった。

だが、計画を把握した小倉の答えは、「そんなもの必要ありません」だった。

「小倉さんはこう指摘したのです。高速船をつくっても、東京湾内の船舶交通は十二ノット

（時速約二十二キロメートル）以下にスピード制限されています。いくら速い船でも湾内は同じなのです。また、港湾の集荷場や荷揚げ態勢も整備されていない。ということは、積み荷が増えて速度が上がっても、結局、港湾で滞ってしまう。それでは高速船にしても作業は速くなりませんと。まさに目からうろこの指摘で、敬服しました」

それから八年後、日本財団で小倉に評議員を依頼するという話になったところ、小倉自身の推測どおり、所管の運輸省から否定の返事が返ってきた。周囲も予想していたとおりであったが、これに笹川は納得できなかった。

運輸省の担当部署がある船舶局では難色が示されたので、笹川は同省トップである豊田実事務次官まで話をもっていった。

「ところが、豊田さんも『これだけは譲れない』と言う。小倉さんを拒否する合理的な理由はないわけです。こんな問題でもめると、説明責任や透明性など運輸省自体の沽券《こけん》に関わる。だからやめてくださいとお願いした。ところが、豊田次官は頑として聞かなかったのです」

笹川は、しかし、財団として決めた人選を理由なく降ろすわけにもいかない。そうなると行政訴訟にもち込むことになると次官に通告。それでも運輸省は所管官庁の権限を利用して認めようとしなかった。

小倉自身は日本財団と運輸省のやりとりを見て、呆れていた。

〈運輸省がまた妨害した。この年、私が社会経済生産性本部のセミナーで「運輸省の役人は小学五年生以下」と発言したからだ。

小学生は社会見学で運送業の現場を見に来るが、役人は来ない。企業の実態を知らない役人など不要、という趣旨であった。運輸省幹部は激怒し、私の評議員就任に猛反対した。〉(『経営はロマンだ！』)

結局、笹川は三度豊田次官に交渉したが、事態は改善しなかった。やむなく、承認拒否は不当として日本財団は当時の運輸相、古賀誠に対して行政訴訟を提訴した。その途端、運輸省は反対を取り下げた。

「提訴した当初は、私のほうから『ここまで来たのだから、口頭弁論までやりましょう。そうしないとすぐ反対を取り下げるのでは、運輸省の格好がつかないですから』とアドバイスもしたんです。でも、『一日も早く訴訟を取り下げてくれ。小倉さんの評議員を認める』ということになったのです」

その後、小倉は日本財団の評議員に就任した。

ただ、小倉より以前から社会貢献で財団運営に携わっていた笹川には、当初のヤマト福祉財団はいまひとつ方向性がはっきりしないと映っていた。評議員に招いた当初は、まだ小倉はパワーアップセミナーをはじめたばかりであり、具体的な活動が明確な形として実を結んでいなかった。

　変わったのは障害者の自立で「月給十万円」を掲げ、自らスワンベーカリーを立ち上げた頃だったと笹川は振り返る。

「障害者の給与を一万円から十万円にする。この作業所への啓発的な支援が出てきて、さすが経営者らしい福祉への関わり方だと思いました。私もこの世界の苦労は知っていたので、障害者の十万円という給与は憧れの数字。実現できたら大変な革命、大丈夫だろうかと思っていた。ところが、小倉さんは自らスワンで乗り出した。これは本気だと思いました」

　そのスワンに笹川も協力を惜しまなかった。二〇〇一年十一月、日本財団ビル一階の一角をスワンベーカリー赤坂店に貸すことにしたのもそんな協力のひとつだった。

　一方で、なぜ小倉が障害者福祉に取り組もうと思ったのかについては、いまひとつわからないと感じていたという。

「障害者福祉で月給十万円のビジネスモデルを確立しようとする情熱に注目もし、期待もしていました。しかし、何がその原動力の理由だったのか、そこまで深くは考えていなかったようでした。そこで私は正直なところ若干失望していたところもあります。障害者福祉で彼を動かしているのは、あるいは、闘おうとしていたのは、彼の誠実さだったのだと思います。ただ、社会的、ビジネス的に成功者といえる小倉さんがなぜ取り組もうとしたのか。その動機に疑問もあったのは事実です」

病や貧困をはじめ、さまざまな福祉活動を行ってきた運営側の立場の笹川だからこそ、感じた疑問だったのかもしれない。

ひとり残されて

九〇年代後半、青山の家はダウニィの子どもたちが四人、ダウニィ夫妻に小倉、そして玲子の母、という八人暮らしとなり、賑やかな日々が続いていた。

ただ、この頃から小倉は会食に出ると時間がむやみに長くなっていた。味の素物流元社長の坂本勲夫が語る。

「奥さんがいた頃は、お座敷で飲んでもさほど長くなることはなかった。ところが、なくなられてからは、相当長っ尻になった。一軒寄って五時間ということもある。それだけ長く外で飲んでいるということは、家に帰っても寂しいんだろうなあと思いました」

実際、財団での仕事も多いわけではなかった。助成金や経営セミナーの運営など実務的な仕事は財団の職員が行っており、小倉の仕事は毎月の経営セミナーでの出張や講演。時間はできたのに、あまりやることは多くない。長年勤勉に働いてきた小倉にとって、ありがたいのか残念なのか、わからないような時間が増えつつあった。

一つ確かだったのは、寂しそうな表情が増えてきたことだった。

娘や孫など家族のために立派な家もつくった。じゃれついてくる孫も増えた。それはそれで幸せな日々だっただろう。にもかかわらず、この時期の小倉の句はどこか寂しさを感じさせるものが少なくない。


〈寒昴《かんすばる》男やもめも六年に〉（一九九七年二月）

〈平安の続く不安や弥撒始《みさはじめ》〉（一九九七年三月）

そして、二〇〇〇年夏、小倉にとって予期せぬ出来事が起きた。真理たちダウニィ一家がアメリカで暮らすことを決めたのである。

最大の理由は教育と言語だった。長女は小学四年生、次女は小学二年生になろうとしていたが、おもに日本の教育を受けてきた。だが、子どもたちには中学生になる前に英語での教育を受けさせたいと両親は考えていた。

あるいは、そこには言語や教育体系だけではない問題——文化的土壌の問題もあったかもしれない。東京に外国人が多く暮らすようになったといっても、移民国家アメリカに比べれば、その均質性の高さ、多様性の低さは比較にならない。

まして、ハーフ（英語ではミックスという）という特性をもつ子どもたちを育てるに際して、いじめや反抗期など生育上のリスクが日本とアメリカ、どちらで高くなるかを考えれば、アメリカのほうが低く、有利なのは明らかだった。

そんなダウニィ夫妻の理屈は頭でわかっていた。それでも、小倉にはダウニィ一家の渡米は強いショックだった。めっきり落ち込み、生きがいをうしなったようでもあった。その時期にマッサージに訪れた児嶋洋子は、あれほど寂しそうな小倉をはじめて見たと語った。

「広い邸宅に、ぽつんとひとり、という風景は本当に切ないものでした。荷物も少なくなってしまったので、ふつうに話しても声が響く。小倉さん自身、『ものすごく寂しくなった。寂しすぎて暮らせないよ……』とこぼしていた。それは本当にそうだろうと思いました」

小倉の子どもには真理のほかに、康嗣もいたが、そちらと暮らすのは難しかった。康嗣は一九八六年に結婚後、世田谷区で妻の家族と暮らしていたためだ。したがって、小倉が一緒に住むことは難しい状況だった。また、真理たちが去った時点で、玲子の母・きみゑは存命で葉山と青山を行き来していたが、まもなく体調を崩し、翌二〇〇一年七月に他界した。

この時、小倉は七十六歳。一九九二年の腎臓がん以来、一九九八年の大腿骨がんの手術など大きな病気もたびたび経験しており、健康上の不安もあった。歩行では、大腿骨の手術以来杖をつくようになっていた。清掃など家事を行う家政婦は以前から出入りしていた。また、お惣菜など自分で買い物をする習慣も以前からあった。それでも、広大な邸宅に一人取り残される寂しさはいかばかりだったか。

だが、思わぬところに小倉に手を差し伸べていた人がいた。

小倉に食事をつくってあげ、ときには旅行にもいく。いざとなればお風呂で足も洗ってあげる。そんな女性が現れていたのである。

元ヤマト労組委員長で財団の常務理事にもなった伊野武幸は、彼女の存在に小倉は救われたのだと言ってはばからない。

「なくなるまでの五年ほどの間、彼女がいたことで小倉さんは生きられた。それほど大事な存在だったんです」

女性の名前は、遠野久子（仮名）といった。

聞けば、現在新潟県出雲崎町《いずもざきまち》にいるという。伊野に連絡先を教えてもらい、連絡してみることにした。

第6章

土曜日の女性

出雲崎町の店

丘陵部の山越えの道だった。長岡から車で約一時間。すでに出雲崎町に入っている。そろそろだろうかと、つづら折りの坂道を下りだしたところで、視界に海が映った。日本海だった。海岸線の道に出ると、片側に海、反対側に小高く連なる山の斜面と、北陸でよく見る風景になった。そんな見晴らしのよい風景の一角に、小さなカフェレストランがあった。それが遠野久子のお店だった。

彼女の存在を知ったのは、伊野への何度目かの取材の際だった。やや迷った表情で、伊野がこちらに尋ねたのがきっかけだった。

「あれかな。もう遠野さんには取材したの？」

その時点で数十人に話を聞いていたが、一度も耳にしていなかった名前だった。どういう関係の人ですかと問い返すと、伊野は「ああ、まだか……」と呟き、「なかなか表現するのが難しい人なんだけど」と頭をかいた。

要するに、晩年の小倉さんをよく世話してくれた女性です、と伊野は続けた。それを聞いて数人が予防線を張った話し方をしていたことを思い出した。

「彼女は、小倉さんの食事や清掃などですごく面倒を見てくれていた人。ただ、ここが誤解を招きやすいんだけど、彼女とはいわゆる男女の関係ではないんです。もともと銀座のママさんで、僕も何度かお店に行きました。会えばわかるけど、いわゆる派手派手しい〝銀座のママ〟という感じでもない人でね。でも、小倉さんの晩年には欠かせなかった人だし、会っておかないといけないと思うんだ」

伊野は、詳しくは本人に聞いたほうがいいね、と言って電話で交渉してくれた。連絡すると、遠野は躊躇を覚えつつも、時間をとってくれた。

出雲崎漁港近くに位置する遠野の店は、このあたりに特有の「妻入り」という建築様式の民家を改造したつくりだった。

店内に入ると、すこし緊張した面持ちで遠野が現れた。たしかに銀座のような気張った雰囲気はまるでなく、地元で長く暮らしてきたような、肩の力の抜けた女性だった。

「迷いませんでした？」

店内はカウンター八席に、奥に六畳ほどの小上がり。大きくはないが、北陸の民家らしい木材の使い方に清潔感があり、飾らない空気感のある店だった。おすすめという、冷しゃぶうどんを注文した。

「じゃあ、ちょっと料理する間、これでもご覧になってて」

そう言って出されたのは、五〜六冊のアルバムだった。開いて、思わず驚きの声が出た。そこにはいままで見たことがない小倉が写っていたからだ。

サンタクロースの赤白帽をかぶって口を開けて笑っている小倉もいれば、誕生日ケーキを前にふざけた顔をしている小倉もいる。ワイキキビーチの夕焼けをバックにハワイのハンドサイン「ハングルース」をしている小倉に、北海道の登別温泉や高知のよさこい祭りを楽しむ小倉もいる。多くは数人が一緒に写っていたが、遠野と小倉二人だけの写真もあった。ただし、どの写真も生き生きとした表情をしており、メディアではまったく見たことのない顔だった。これらの写真だけで小倉がどれだけ遠野を信頼しているかを雄弁に語っていた。

「見たことのない小倉さんだったでしょう？　本当に素敵な人だったんですよ」

冷しゃぶうどんをカウンターに運びながら、遠野は微笑んだ。そこからゆっくり遡っての話がはじまった。

写真に写っていたのは七十代の小倉だったが、聞けば、遠野と小倉の最初の出会いは古く、一九七〇年代の終わり頃だったという。当時、遠野は上京してパーティコンパニオンの仕事に就いており、小倉とは業界団体などのパーティ会合に出ているときに知り合った。

「東京バンケットプロデュースというコンパニオン派遣の会社があって、そこに所属していたんです。私はおもにパレスホテルが担当でした。大きな会社のパーティでは毎回呼び出しがかかる。そうすると、名前を覚えてくれる方がいらっしゃる。小倉さんもそんな一人で、なぜか気が合ったんです。会場で会うと、『おい、久子、今日はタルタルステーキないのかい？』『ありますよ』『じゃあ、もってきて』なんて感じでした」

八〇年代の終わりにコンパニオンをやめると、遠野は青山で和食料理の店を開いたが、バンケット時代に築いた企業人の人脈は、青山という立地では足が遠くなった。そこで一九九三年、再度出直したのが、銀座だった。

銀座で遠野は当初、はりきって地代の高い場所を借りて出店した。

遠野なりの方針もあった。世間で言う銀座風——髪をアップにしたり、ドレスを着込んだり、派手なお化粧をしたり、店内に大きなシャンデリアを飾ったり——といった形にはしなかった。飾らない接客、飾らない料理といった「アットホーム」さを前面に出した。

自分が地方出身者で、それが無理のないスタイルだったからと遠野は言う。

「お世辞も言わないし、飾らずに気軽に話せるようにした。そうしたら、企業人がふらっと立ち寄れるお店になったんです。元日銀総裁や元東京ガス社長など、あとになって大出世した常連さんが多く来られるようになった。基本的には人づての紹介制という営業でした。その頃の小倉さんは時々顔を出す程度でした」

店には若い女の子も数名雇っていたが、その女の子たちも紹介制で身元がわかっている子を入れた。「色っぽいムードはなし」だったので、客も女の子たちも気楽に話ができる。そんな店づくりを心がけた。だが、当時の店舗はバブルのさなかで地代が高く、次第に経営が厳しくなった。そこで別のビルに引っ越して、営業を仕切りなおすことにした。

新たにテナントとして入ったのは数寄屋橋のソニービルから一ブロック新橋側に寄ったビル。店の名前も変えて「紙ふうせん」（仮称）とした。一九九八年の秋のことだ。

すると、小倉が訪れる回数が増えていった。それには単純な理由があった。

「最初の店舗のビルには赤いじゅうたん付きの階段がありました。足がすこし不自由だった小倉さんはその階段を『歩きにくいよ』とずっと嫌がっていたんです。だから、あまり来られなかった。でも、新店舗のビルは道路からすぐにエレベーターがあって入りやすかったんです。その変化が小倉さんには大きかったようですね」

そこから小倉の紙ふうせんへの敷居が低くなった。

店通いが増えたのは、二〇〇〇年夏、真理たち家族がアメリカに移住し、小倉一人が青山に残されてからだ。

紙ふうせんの営業時間の本番は夜遅い時間だが、小倉は七時になると連日のように店に来た。小倉は財団から報酬はもらっていなかったが、足の不便さから運転手だけ用意してもらっており、その車で通っていた。店ではカウンターの端の席が小倉の定位置だった。

紙ふうせんでは手がかかる料理の多くは遠野が自宅でつくって持参していたが、早い時間に来店する小倉はしばしば店の手伝いもしていたという。

「まだ枝豆が枝付きだったり、仕込みが終わってないこともあるわけです。そういうときは、小倉さんにも枝豆とりを手伝ってもらったりしましたね。『はいはい』と本人も楽しんでいたようですけどね」

好みだった酒は「ジョニーウォーカー」というウイスキーの最高級「ブルーレーベル」で、それをストレートでゆっくり飲む。そして、遠野やほかの女の子、ほかの客とゆっくり話をして、十一時に帰宅する。それが習慣だった。小倉にとって店でわいわいと過ごすのが楽しかったのだろうと遠野は言う。

「お店なら誰か話せますからね。小倉さんという人はすごく寂しがりやなんです。だから、奥さんをなくされてから、ほんとうに孤独な気持ちだったと思いますね」

その小倉の寂しさを実感したのは、二〇〇〇年末、小倉の家でクリスマスパーティを開いたときのことだ。

遠野の家が神宮球場の近くで小倉の家と近かったこともあり、遠野はお店の女の子数人を連れて、小倉の家を訪れることにした。三階建てでエレベーターまで付いている豪邸に女の子たちははしゃいだが、遠野にはその大きな家の広い居間で、一人ぽつんと座っている姿に胸が苦しくなった。

「これはつらいだろうなと思いました。もっとコンパクトな部屋なら、印象が違ったのかもしれませんが、あの大きな家に小倉さん一人は広すぎた。それを見て、何かしてあげなくちゃ、と思ったんですね。その場を去りがたいほど寂しそうだったんです。それで、お一人のときには、週一回ぐらい通いますよという話になったんです」

そう思った要因はほかにもあった。大腿骨手術の影響で、小倉は生活上で一部支援が必要なときがあったのだ。

床に座ることができず、しゃがむことが難しかった小倉は、部屋のあちこちに長いトングのような道具をいくつも置いていた。床にものが落ちたときには、小倉はそのトングを使って拾い上げるようにしていた。あるいは、浴室では椅子に座ってシャワーを浴びていたが、姿勢の関係で足の先を洗うことができなかった。いずれもちょっとしたことではあるが、そのちょっとしたことに時間がかかったり、思わぬ苦労をするようになっていた。

そうした話を聞くうち、見かねた遠野はお手伝いを申し出ていた。

「足が不衛生だと、水虫になるでしょう？　そうなったらもっと大変です。だから、週一回と少ないけど、足だけ私が洗ってあげることにしたんです」

そんな話から、いつしか土曜の午後は定期的に遠野たちが雑事をこなしに小倉宅に通うことになった。

遠野一人もしくはお店の女性数人で小倉の自宅に行き、掃除や洗濯、料理をする。そして、みんなで一緒にご飯を食べて、おしゃべりに花を咲かせ、夜になると帰る。そんな習慣がはじまった。小倉は週一回の通いに対して、「お小遣い」として遠野やお店の女性に毎月まとまった額を渡すことにした。

遠野は青山の邸宅に通うたびに、もっと小さくて住みやすい部屋に引っ越したほうがいいと薦めた。豪邸に一人では寂しさも募るうえ、防犯など安全性、病気や怪我など健康の面でもリスクがあった。

そこで不動産会社に相談した結果、青山の邸宅は賃貸で貸し出すとともに、恵比寿ガーデンプレイスの住居棟に部屋を借りることになった。邸宅は外資系勤務などの人向けに貸し出され、少なくない賃貸収入を得られることもわかった。恵比寿で借りる賃貸費用を差し引いても、ある程度の額が手元に残る計算だった。

そうした引っ越し収支を見て、小倉も「これでお金も心配ないね」と冗談めかして喜んでいたという。

「でも、正直に言えば、小倉さんは住むところも、あるいはお金ですら、こだわりがありませんでした。豪華なものを買うわけでもないし、物欲的なものは関心がなかった。大事にしていたのは食事をしたり、おしゃべりをしたりというふれあいでした」

恵比寿に引っ越すと、平日は銀座で、土曜は恵比寿の自宅で、と遠野と小倉は週六日会うようになった。

連日のように顔を合わせ、あれこれと話すなかで、遠野が気になったことがあった。小倉と長女・真理の関係だった。小倉は娘に対して、何か複雑な感情をもっているように感じられたのだ。

どういう言い方がいいのか……と悩みながら、遠野が言う。

「小倉さんは真理さんのことで悩んでいました」

遠野は当初、小倉と娘の関係性を詳しく知らなかった。ただ、真理たちが海外から家に戻ってくるとわかると、小倉は気持ちが重くなると話していた。

「暗くなってお店に来るので『どうしたの?』と聞く。すると『娘が帰ってくるんだよ、久子。嫌だよ……』と言う。驚いて、『だって、娘さんなんでしょう。なんでそれが嫌なの』と聞くと、『おれはうつになりそうだ……』と。そう言って落ち込んでいるわけです。ああ、何か確執があるんだなあと思いました」

一方で、社会における小倉は次第に存在感を増していた。福祉財団やスワンの活動が知られはじめるとともに、初の自著『小倉昌男　経営学』も発売され、一般にも広く認知されてきたからだ。

二〇〇〇年になる頃、宅急便の年間取扱個数は九億個に迫り、二〇〇二年二月で宅急便の取扱個数は累計で百億個を突破した。この時期、世間での小倉の認知度は飛躍的に高まっていた。九〇年代後半から本格的に広がりだした規制緩和の潮流に加え、折からの大蔵省や厚生省の官僚不祥事などが重なり、官僚批判は過去最大の規模になっていた。そうした潮流のなかで、過去に官庁と闘った「闘士」としてメディアは小倉をたびたび取り上げていた。

そんな小倉の人物評を決定づけたのが、一九九九年十月に刊行された『小倉昌男　経営学』だった。小倉自身が執筆した同書は、宅急便の開発過程を軸に、それまでのヤマト運輸の苦難や行政との闘い、綿密な論理による経営戦略などが記された。明晰な論理力と高い倫理観に支えられた同書は、多くの読者の評価を得て、ロングセラーとなった。

こうして評価が高まるとともに、小倉は有識者として各種委員でも重用されていた。二〇〇〇年に作家の田中康夫が知事になった長野県では、外郭団体改革委員会という組織で小倉を座長として起用した。

テレビもたびたび小倉や宅急便を取り上げたほか、小倉のもとには複数の出版企画ももち込まれた。日本経済新聞の人気企画「私の履歴書」で小倉の連載がはじまったのは、二〇〇二年元日のことだった。小倉の業績、知見、人格からすれば、こうした依頼が増えるのは無理もないことだった。

「本業」と異なる、こうした「課外活動」を、小倉自身も楽しんでいるようだったと遠野も懐かしむ。

「じつは『私の履歴書』を書籍化した『経営はロマンだ!』の近影写真は、銀座の店の小倉さんの指定席で撮ったものでした。取材を受けたり、講演で話すことは嫌いではなかったと思います。そばで話を聞いて感じていたのは、彼のエネルギーの源は怒りなんだろうなということ。宅急便でも合理性がないことに対しては役所を訴えたりしましたが、じつは障害者福祉をはじめたのもそんな理不尽なものに対する怒りだったように思います。健常な人と比べて、多少ハンディがある人に、月一万円しか払わない。『それはおかしい!』という怒りがあって、はじめた。すごく照れ屋でやさしい人ですが、そういう正義感は人一倍強かった。合理的な考え方と人への情が両方強い方でした」

そもそも二人が銀座の店を離れて出歩くようになったのは、福祉財団の活動に関係していた。遠野が小倉とともに遠方に出かけた最初は広島で、小倉の財団のセミナーでの出張だったという。まだ青山の家に住んでいた頃の話である。

当時、小倉は大腿骨手術後で足が悪く、移動には車いすが必要だった。その車いすの手伝いを遠野が買って出ていた。

「広島のセミナーは数日ありました。足がまだ相当悪かったので、不安があったんです。そこで、そのときは私が車いすのお手伝いで付き添うことにしたのです」

その後、財団の仕事にかかわらず、小倉は遠野を連れて旅行に出かけるようになっていった。大抵の場合、店の常連や女の子など複数人での行程で、多かったのは小倉が好きだった地方のお祭りへの旅行だった。

夏になると、ねぶた祭を見に青森へ、阿波踊りを見に徳島へ、よさこい祭りを見に高知へと繰り出した。秋が来ると、おわら風の盆を見に富山へと向かう。また、かねてよりお気に入りだった北海道へは、登別温泉に入ろうと大人数で出かけた。

「せっかく温泉地に行っても、足が悪くて温泉に入れないとつらいでしょう？　だから登別温泉のときは、お店に来ている常連の若い男のお客さんが支援に同行してくれたんです。もともとお店では小倉さんは若いお客さんと話すのが好きで、仲のいい人がいました。また、よさこい祭りなどでは小倉さんが仲の良かった高名な歌舞伎役者さんもご一緒してくれました。彼はお店にもしばしば来られていて、とても仲が良かった方でした。こうして仲のいい人といろんなところに行くのは、小倉さんの一番の楽しみでした」

北海道とハワイには、それぞれ遠野や仲間と二度ずつ旅行したという。

そして、こうした遠野との楽しい日々のなかで、小倉の心中でもあたたかな血が通いだしていたようだった。それは小倉の俳句にはっきりと痕跡が残されている。

〈恋生れむ一糸乱れぬ阿波踊〉（一九九九年十一月）

〈老いの身に沁むる胡弓や風の盆〉（同前）

自分自身の心中の変化に驚き、戸惑っているような句もある。魘《えん》とは「うなされる」といった字義である。

〈稲妻や一皮剝けばわが魘あり〉（一九九九年十二月）

恵比寿に越してからは、電話もよくかけるようになってきたと遠野が振り返る。多かったのは、土曜の夜、小倉の家から引き揚げたあとのタイミングだった。

「お料理をしたり、掃除をしたり、午後の時間をわいわいと過ごして楽しむ。けれど、時間が来ると、みんながいなくなって独りになる。それがすごく寂しかったのだと思います。私が家に帰ってしばらくすると、『久子、帰った?』と家に電話をかけてくる。『うん、帰ったよ。だから電話出てるでしょ』と言うと、『そりゃそうだね』と笑ったり」

小倉のそんな心境の変化には気がついたが、遠野は一定の距離は守るようにしていた。それは遠野の本意ではなかったからだ。

良寛のふるさとへ

ゆっくり時間をかけながら、遠野は淡々と振り返った。

「そもそも小倉さんは私の父よりも年長でした。だから、一緒になるような対象として見られなかった。いや、私も小倉さんのことは大好きで大事だったのは確かです。お茶目で楽しくて、誠実で大きな人。そう、好きな人です。でも、男女の関係とか結婚とか、そういう関係は考えられなかった。ものすごく不思議な関係だと思われるでしょうし、私自身そう思います。でも、結婚……ということまでは考えられませんでした」

それはなぜでしょうと問うと、遠野も一瞬言葉を選んだ。

「やはり、もし小倉さんがなくなったら、奥さんと同じお墓に入るんだって、当たり前のように考えていたことがあります。奥さんのことも前からずっと聞いていましたし。だとすると、自分は結婚という意識はもてなかったんです」

あるいは、仕事の延長線上に発展した関係だったことも遠野の心を自重させる要因でもあったかもしれない。親しみもある、面倒を見たい思いもある。と同時に、心の一線を越えないよう、コントロールする。仕事だけでもなく、私心だけでもない。そんなないまぜな心境だったのではなかったか。

いずれにしても、そのことで遠野はつきあいを変えることはなかったという。平日は銀座の店でお酒とご飯を出し、土曜は午後から小倉の家に行く。しかし、泊まらずに必ず帰る。一方で、小倉のほうも好きだという態度を変えることはなかった。

そして、小倉は遠野への思いを小倉なりのかたちで表そうとした。

小倉は毎週土曜自宅に通ってくれる遠野に対して一緒に暮らす打診もしたが、遠野は断っていた。そんなある日、遠野が友人と旅行に出て、数日東京を離れたときがあった。帰ってきたところで、小倉がうれしそうな照れたような表情で「久子、見つけたよ」と言った。「何を」と尋ねると、小倉は続けた。

「僕に何かあっても、久子が困らないように、久子におうちをプレゼントしたい」

「えぇ？」

「いや、これは僕のロマンなんだ。僕はこれまで財団だけじゃなくて、いろんなところに一億円とか寄付しているでしょう。それと同じなんだ。これだけいろんなことをしてくれている久子に僕の気持ちを贈らせてほしい。せめてもの僕のロマンなんだから」

物件は広尾にあるマンションの一室だった。小倉の住む恵比寿まで電車で一駅。会いたいときに、すぐに来られるようにという小倉の思いを形にしたものだった。小倉は二〇〇三年十月に遠野のふるさとにちなんだ名称の有限会社を設立し、遠野を取締役に就任させると、その会社の不動産として管理させることにした。

そこまで言われ、そこまでしてもらった厚意を遠野にも固辞し続ける理由はなかった。

まもなくそのマンションに移ったが、内心は本当に複雑だったと遠野は言う。

「私はそうしたものを望んでいるわけではなかったし、何か周囲にうがって見られてしまう可能性もある。でも、小倉さんの気持ちもうれしい。そんな微妙なバランスのなかで住まわせてもらうことにしたんです」

一方で、小倉の遠野を頼るような思いは、体調の悪化とともに、一層強く現れるようにもなった。二〇〇二年に前立腺がんになったときには、小倉は入院して抗がん剤治療を行った。がん治療はすでに数回経験していた小倉だが、抗がん剤は嫌だと愚痴をこぼした。

ただ、それはおかしな理由でしたと遠野が笑う。

「何を嫌がっていたのかと言えば、抗がん剤の治療でホルモンも変わると思っていたからでした。『久子、きっと僕は抗がん剤で女みたいになるんだよ』『久子、女男になっちゃうよ、どうしよう』とおびえた口調で語っていました。もちろんそれは冗談混じりだったわけですが、そうしてお茶目な話で、不安をごまかしていたのかもしれません」

幸い、前立腺がんは抗がん剤の投薬だけで腫瘍マーカーの数値が大きく下がる効果があった。毛髪が抜けたり、副作用で体調を崩すこともなかった。

遠野との関係で小倉が関心をもったものに江戸時代後期の僧侶、良寛がいた。良寛は遠野の地元、出雲崎町出身で歌人、俳人でもあった人物である。辞世の句「散る桜、残る桜も散る桜」はよく知られたものだろう。その良寛には愛弟子に貞心尼《ていしんに》という尼僧がいた。二人は四十歳離れていたが、恋に落ちたとされる。

小倉は良寛に自分を重ねあわせたのか、ひときわ関心をもつようになった。

「もともと私は地元だったので、良寛さんが好きだったのですが、小倉さんも貞心尼の逸話を知ってから、すごく興味をもったんです。というのも、私と小倉さんは二十八歳離れていました。だから、自分の身に重ねたのだと思います。良寛さんの晩年を看取ったのも貞心尼なんです。それで、『良寛さんのふるさとに行ってみたい』とよく口にするようになっていました」

その出雲崎への旅を実現したのが二〇〇四年のゴールデンウィークだった。二泊三日の旅程で、小倉は遠野につきそわれて出雲崎を訪れた。

この旅行を収めた遠野のアルバムには、どの写真にもうれしそうな表情の小倉が写っていた。二人は、良寛記念館や良寛堂などの各種史跡を訪れ、かにや刺し身などの特産料理に舌鼓を打ち、海に向かって百メートルも張り出した「恋人たちの橋」と異名をとる「夕凪の橋」を散歩した。

天候は薄曇りが続き、いまひとつさえない連休だったが、二人の表情にはどれも充実感があふれていた。そう指摘すると、遠野もうれしそうに語る。

「足は弱っていましたが、出雲崎まで来ることができた。良寛さんのゆかりの場所を訪ねることもできた。私の実家で、私の弟と一緒に食事もしました。私にとっても、小倉さんにもこれ以上ない思い出深い旅になったんです」

小倉もこの旅行は感慨深いものがあったのは疑いない。小倉は十年以上続けていた俳句の句作を二〇〇〇年夏を最後に中断していた。時期的には長女の真理の家族がアメリカに渡り、豪邸での一人暮らしが始まった頃だ。そこから四年近く句作を休んでいた。

ところが、この出雲崎町への旅行では久しぶりに俳句を詠んでいた。しかも、七句と例になく多かった。

〈春霖《しゅんりん》や良寛遷化《せんげ》の家を訪《おとな》う〉

〈飽食の越前かにや出雲崎〉

そして、最後にこの句を詠んだ。

〈春の海恋人岬というにあり〉

この最後の若々しい句で小倉はどのような思いを表現しようとしたのか。

濃い灰色のカバーがかかった俳句用のノート。後年つかっていたこのノートで、この句が最後の句作となっていた。小倉はこの旅行では、途中の休憩したところでも俳句をつくろうと、しばしばノートを開いては試行錯誤していたという。

だが、結果的には、小倉と遠野の旅行はこれが最後となった。東京に戻ってまもなく、小倉はすい臓がんが発覚、六月初旬に入院となった。

そして、小倉はそこから先は家に帰ることも叶わなかった。

遠野はもちろん、当人の小倉にも、旅行後の入院は驚きだった。大きな体調の変化を感じていなかったからだ。だが、三田にあるかかりつけ医を受診した際、ちょっとした胃の重さなどを訴えたところ、精密検査となった。検査結果がわかった六月初旬、小倉は東京都済生会中央病院に入院となった。診断の結果、すい臓がんとわかった。

担当医は外科手術を行うよう推奨したが、この外科手術を小倉は非常におそれていた。遠野が見舞いに通っていた数日目、エレベーターのなかで小倉は遠野に言った。

「久子、もう逃げよう。脱出するぞ」

冗談めかしていたが、小倉は半ば本気のようだった。

「手術するしかないと担当医から診断されたあとでした。手術と聞いて嫌になったんですね。私は『脱出するなら、させてあげるよ』と答えました。その時点で杖は使っていましたが、まだ見た目ではさほどつらそうな感じではありませんでした」

だが、外科手術を行ったあとの回復は思わしくなかった。がんは切除できた部分もあったが、一時期急変して医療的に誘導された昏睡状態に維持されたときもあった。七月には酸素量を維持するため喉に挿管もすることになった。その結果、声を出すのが困難となり、メモによる筆談が必要になった。こうした病院での看病にもっとも付き添っていたのは長男・康嗣の妻で、毎日午前中に来ては身辺の世話をしていた。また、ただならぬ事態に長女の真理も米国から駆けつけていた。渋谷のウィークリーマンションに居を構え、三田にある病室に通っていた。

こうして大きな変動が起きるなかで、遠野は次第に関係に戸惑いを覚えるようになっていった。配偶者でもなく、親族でもない。一方で、ビジネス関係ではないが、愛情らしき感情もないわけでもない。関係性としては曖昧な存在であったからだ。遠野は小倉のもとには午後やお店への出勤前の夕方に出るようにしていたが、小倉の生命に黄信号が灯りだしたいま、それはすなわち小倉と自分との関係に向き合うことを強いる時間でもあった。

当の小倉はどうだったか。

見舞いに通っていた人たちによれば、小倉の病状や意識はよいときと悪いときが一定していなかったという。メモや頷きなどではっきりコミュニケーションできるときもあれば、医療的な疲れからか、ときどき虚ろなときもあった。

ただ、遠野との関係で言えば、次第に依存心を強めていた様子も見てとれる。

遠野から小倉との筆談メモを見せてもらった。メモでの会話を振り返ると、断片的ながら、そのときの二人の様子が浮かび上がる。

〈久我山みてきてください〉というのは、東京・杉並区久我山にある介護付き有料老人ホームのことだった。子どもたちの推薦により転院先として検討されており、信頼する側近たちにも意見を尋ねた記録があった。

遠野とふたりだけの符丁もある。〈行っトイレ〉というメモは、ふだんトイレに行くときに遠野とかけあっていた言葉だった。そして、遠野がお見舞いに来るたびに自分が安心したり、遠野を思いやるような言葉も記していた。

〈今日夕方、突然CTの検査がありました。退院準備だと思う〉

〈顔を見せないから焦ります。オーケー、オーケー、久子バンザイ〉

そして、痛切な思いを短く綴ったものも複数あった。

〈一緒に暮らす。頑張ります〉

〈久子好きです。好きです。一緒に暮らしていただけますか？〉

〈一緒に暮らすことで全部足りることです〉

だが、筆致は体調を示していたのだろう。十一月後半になると、次第に腕に力が入らなくなっていたのか、何を書いているのか読み取れないほど乱れていた。

読み返しながら、記憶が蘇ってきたのか、遠野も胸をつまらせていた。

メモを綴る小倉は、自らのがんのつらさと不安を抱え、また、この後の我が身の行方などを思いながら、あたかも逃亡を希求するように、遠野とともにいることを願っていた。次第に荒れていく文字は身体の不調とともに、高まる不安を表現しているようでもあった。

取材時の遠野は小倉との別れについては詳細には語ろうとしなかった。

だが、その後の取材で、有料老人ホームに入るかどうかという選択が迫るなか、遠野は康嗣と真理の二人と直接話し合ったことがわかっている。実子の二人は遠野にこう尋ねている。

「もういろいろ決めなくてはならない時期です。率直に聞いて申し訳ありませんが、聞かねばなりません。遠野さんは父の面倒を最後まで見ていただけますか」

遠野の答えは「すみません、それはできません……」というものだったという。

その言葉は小さな病室のなかで響いた。小倉は言葉も出さず、静かに三人の話し合いに耳を傾けていたという。

そして、クリスマスに近い十二月下旬、小倉は久我山にある介護付き有料老人ホームに移っていった。転居する際、小倉が遠野について言及することはなかったという。

その後の小倉の様子について、遠野は伊野や高田などに尋ねていたが、二〇〇五年三月になって思わぬ話が飛び込んできた。小倉が真理の住む米ロサンゼルスに行くというのだ。酸素吸入も必要な状況で、さすがに無茶ではないか——と遠野は耳を疑った。

出発は四月十一日、成田空港から旅立つことになった。

遠野のことを心配した伊野が、空港内のＶＩＰルームで小倉のお別れの会を催すと教えてくれた。それは言うまでもなく、会えるとすれば最後の機会だった。参加者は真理、康嗣のきょうだいのほか、伊野、高田、岡本、そして伊野と同じくヤマト労組の委員長だった塚本俊夫（二〇〇六年死去）。小倉にとって気兼ねのない人間だけが、最後のフライトを前に集まることになった。

遠野も駆けつけた。空港のＶＩＰルーム近くまでは来た。だが、会うことは叶わなかった。康嗣が現れ、申し訳ないが、会うのは遠慮願いたいと告げたためだ。遠野が現れると、必ずや真理と衝突を起こすだろう。出発直前のこの段階で、そんな混乱は避けたいというのが康嗣の意向だった。

帰りのバスで遠野は涙が止まらなかったという。小倉の面倒を見るつもりはあるかという子どもたちからの問いに固辞したのは遠野自身だった。それでも、この期に及んで、遠野は自らの選択を後悔したと打ち明ける。それは結婚や入籍という事実ではなく、重い病状の小倉を日本にそっと留めておきたいという思いだったという。

「家族になっていなかったことを心から後悔しました。法的に私は他人だったから、身内のやることに口出しできなかった。その違いに悲しくなって泣いていました」

三ヶ月後、訃報は電話とニュースで知ることになった。それから二年後、郷里の母が体調を崩したこともあり、遠野は銀座の店をたたんで出雲崎に帰った。

伊野は、あくまでも第三者の目と断りながら、遠野がいたことで小倉の人生の後半戦は明るく彩られたのではないかと語った。

「銀座の遠野さんの店には私も何度か行きましたが、そこでの小倉さんは本当に楽しそうだった。歳をとると童心に返ると言いますが、遠野さんの前では小倉さんは子どものようになっていた。元気な頃ならけっして見せなかったような愉快な表情もしていた。歳をとってそれだけ甘えられる人がいたのは、本当に幸せなことだったと思います。もし彼女がいなかったら、とても味気ない晩年になっていたはずです。だから私は遠野さんに感謝しているんです。小倉さんを支えてくれてありがとうと」

遠野にとって小倉とはどういう存在だったのか。そう尋ねると、遠野はしばし考え、ストレートな表現でもいいかしらと問い返した。

「私のことを本当に大事にしてくれる人でした。寂しがり屋で、人間臭い人で、大きなロマンチスト。私は『宅急便』の頃の小倉さんも知っていましたが、彼と本当に親しくなったのは、真理さんがアメリカに移られ、小倉さんが一人残されて寂しく、弱くなったときでした。これだけ世の中に貢献した人なのだから、私ももっと大事してあげたいと思ったんです」

遠野は自分の父を三十代でなくしていた。大人になって父と話や旅をしたいという思いを実現できなかった遠野にとって、父と同じぐらいの世代だった小倉と話すのは、そんな自身の寂しさを埋め合わせるのに近い感覚もあったという。

遠野の言葉はまだ終わらなかった。こちらが問いかけるよりももっと語りたいことが、会話のなかで遠野に生まれているようだった。

あれから十年が経って小倉について思うことは、自分との関係だけではないという。

「不思議なんですが、小倉さんの本質的な人間性は家族との関わり、とりわけ真理さんとの関係においてこそ見えるのだと思います」

こちらが質問を投げたわけでもなく、遠野は自発的にこう指摘した。

幼い頃、母親をなくし、若いときに結核にかかって、死にそうな日々を過ごした。それらの体験がつらかったことは、小倉自身がたびたび語ってきた。だが、小倉には、大人になってからもつらいことがあった。その大きな要素が真理との関係にあったと遠野は指摘した。

「子どもたちが小さい頃、小倉さんは仕事が忙しくて、全然かまってあげられなかった。そのことに小倉さんはずっと負い目をもっていました。男親でそこまで考える人はそう多くないと思うのですが、彼特有のやさしさがそう自分を責めていた。そんな感覚は奥さんに対してもありました。本当はどうだったのかはわかりません。でも、家のことを全部彼女に任せてしまって済まない気持ちだと話していた。小倉さんは、基本的にものすごく心のやさしい人だから、そういう気持ちになってしまうのでしょう」

小倉はときどき遠野に家族のことを語ることがあった。そうなったとき、必ず収斂《しゅうれん》するのが、真理の話だった。弟の康嗣はよくできた子だったため、心配もなく育ったが、真理はそうではなかった。真理は幼い頃から問題を抱え、問題を抱えたまま大きくなっていた。一方、小倉はそんな真理に対して仕事ばかりで何もかまってあげられなかった。そのことを真理に指摘されたこともあるし、小倉自身引け目に感じていたのだという。

「だから、小倉さんのなかでは、ずっと何年も、いや何十年も真理さんのことがひっかかっていたと思うんです」

遠野はそこで話し続けようとして、しばらく言葉に迷う様子を見せた。

言うべきか否か。遠野は決めかねる様子だった。大事なことを言おうとしていたが、その一歩が踏み出せない様子だった。こちらも待った。すると、遠野はこちらの目を見据えたうえで、これは本当かどうか確認が必要だと思うから、と半歩踏み出した。

そして、遠野は打ち明けた。

「小倉さんがずっと気に病んでいたのは真理さんの心の病なんです」

最後のカギ

真理は若い頃、心の問題で治療を受けたことがあるんだ——。そんな言葉を何度か遠野は耳にしたことがあったという。

「どんな病名かは知りませんし、こちらも聞きませんでした。でも、その真理さんの心の病に対して、小倉さんはものすごく責任を感じていました。あまりかかわれなかった自分の育て方や家系にも原因があるのかもしれない、と心配しているときもありました。つまり、真理さんのさまざまな問題はすべて自分に責任があると感じていたんです。その負い目があって、真理さんには特別な愛情、これは責任と裏腹で強く感じる愛情——をもっていました」

遠野が語っていたことは、小倉と深く心を通わせたものでなければ出てこない言葉だった。小倉を長く支えてきた伊野、高田、岡本といった側近たちからも、あるいは親しい友人からも、一度も聞かなかった事情だった。いわば深く信頼した人だけに打ち明ける話だった。

と同時に、遠野が示唆した話は、これまで多くの関係者を訪ね歩くなかで積み重なっていた謎をすべて解き明かすようなカギでもあるように感じられた。

そんな事情を含めて考えると、小倉の渡米に対する感慨は時間が経ってからずいぶん変わったと遠野は語った。

「最後の渡米は私の手から小倉さんを取り上げられたようで、寂しかった。小倉さんも大変だろうに、と思ってもいました。でも、いまはこう思うんです。小倉さんは身体に鞭打ってまでアメリカに行き、娘のところで最期を迎えた。ひょっとすると、小倉さんは自分の責任を果たせたんじゃないかと」

自分の責任とは何だろうか。

「自分がずっと負担に思っていた感覚、後悔や愛情などがないまぜになった感覚。それを娘のところに行くことでずいぶん減らせたのかなと、いまふっと思いました。真理さんのことは、小倉さんの心にずっとひっかかっていたこと。だから、小倉さんにとって、最後に真理さんのところへ行ったのは――それは本当に大変だったと思うけれど――よかったのだろうなと思いました」

遠野の店を出ると、日が落ちた日本海から穏やかな風が吹き、暗闇のなかで乗ってきた車の影も見えなくなっていた。

真理と康嗣はともにロサンゼルスに住んでいた。だが、取材は機微に触れそうだった。最後に二人に会わなければならなかった。

第7章

子どもは語る

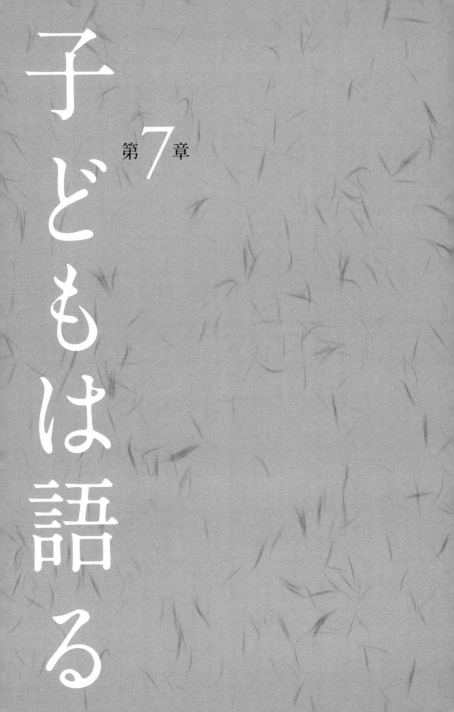

息子が見たもの

視界いっぱいの青空に蒼い海原を湛《たた》える太平洋。沖合四十キロメートルにはサンタ・カタリナ島が浮かび、後ろには乾燥した台地と高級住宅地が広がる。陽射しは強く、暑さの匂いまで放っているようでもあった。

米カリフォルニア州ロサンゼルス郊外。小倉康嗣に案内された「テラニア・リゾート」はカリフォルニアの魅力を詰め込んだような場所だった。

「このへんは眺めがいいですからね。ときどきこの近くのカフェに気分転換に来るんです。もうこちらでの生活も長くなりました。単身赴任だけど、だんだんこっちの生活のほうが楽に感じているところがありますね」

駐車場で係員に車を預けると、散歩にまわりだした。康嗣はこの数年、米国ヤマト運輸の代表をしていた。

康嗣は一九六〇年に生まれた。慶應義塾に高校大学と通い、大日本印刷に就職した。父からは進路に関してとくに指示や注文もなかったという。小倉昌男は自身が二代目という世襲だったが、基本的に世襲については否定的な考えだった。康嗣は一九八六年に結婚したのち、小倉の右腕だった都筑幹彦社長（当時）の薦めもあり、一九八九年ヤマトに転職した。二〇〇五年に小倉が逝去したのち、ヤマト運輸の社長に就任したが、二〇〇七年に渡米、ＥＭＢＡを取得したのち、二〇一一年より現職に就いていた（取材当時）。

メールでの連絡を繰り返したのち、会う約束を得た。聞きたいことはたくさんあったが、まずは取材の意図や経緯を伝えるのが先だと考えていた。ヤマトに関する本、小倉昌男に関する本はこれまで多数出ているが、今回の取材で耳にしてきた小倉昌男の姿は従来のそれとはまったく別物だった。康嗣には、それらの話やこちらの実感を伝えたうえで話を聞きたいと伝えていた。

すずしい海風が吹き込むテラスにかけて、これまでの取材内容、小倉の世間での評と自著で記す自身の弱さなどのギャップ、こちらが抱いた違和感などを伝えた。

耳を傾けていた康嗣は、それはそのとおりですねと頷き、家ではまったく存在感がない人でしたから、と笑った。そこから自然とむかし話に遡ることになった。

「小学校のとき、父の仕事というテーマで絵を描いたんです。そのとき、私はダンプカーの絵を描いた。もって帰ったら、父が『うちはダンプはやってないぞ』と言った。父も自分の仕事を語ってなかったし、私もどんな仕事かわかっていなかったんです。それくらい、父は家では寡黙でした」

夕飯時に家にいるときはまれで、会うのは朝ばかり。家を仕切っていたのは母（玲子）か祖母（きみゑ）で、存在感は非常に希薄だった。よく思い出す姿と言えば、お湯割りウイスキーとおつまみをもってゴロリと休んでいるところだという。

「母はギャーギャー、ガミガミ言うタイプ。父はつねに母に一方的に文句を言われて、じっと耐えているというのがよくある風景でした。黙っているのは、疲れていて流しているのか、戦略だったのか。まあ、仕事の話をしたところで、誰も理解できない。だから、話してもしょうがないと考えていたのかもしれません」

宅急便がはじまったのは、康嗣が高校に入学した一九七六年。その直前は経営的に会社はもっとも厳しい時期だったが、小倉は厳しさを家庭で口にすることはなかった。もっとも、悪いときだけ語らなかったわけではなく、好調だったときも、あるいは「動物戦争」で運送業界全体が大変なときも語ることはなかった。

康嗣は宅急便の広がりは街中で感覚的にわかっていたが、それと父の社会的な存在感とは結びついていなかった。なぜなら、小倉の家での存在感があまりになかったため、外の世界においても、それだけの重要性があると思えなかったのだという。

康嗣がはじめて父の社会的な存在を意識したのは、写真週刊誌が小倉と母・玲子を写して記事にしたときだった。

「二人がタクシーから降りて、父が一人でたくさんの買い物袋を抱えている写真でした。『宅急便社長も奥方の荷物を運びます』といった、どうということもない写真です。それでも自分としては、そんな写真が記事になること自体に驚いたし、同時に、それくらい社会としては注目される存在なのかと気づいた。それはもう私が大日本印刷で働き出してからのことでした」

そこまで康嗣が父の存在を小さく見ていたのは、単に家族として近すぎたというだけではない。家族における存在として、父の威厳が非常に低いものだったためだ。

康嗣が若い頃、小倉家ではもっと深刻な問題があった。姉・真理の問題だった。

今回の取材過程で、妻・玲子と長女・真理という二人の存在は小倉の人生を語るうえで欠かせない要素ではないかと感じていた。その実感を伝えると、康嗣はゆっくり頷いた。

「誰も書いていないけど、本当の小倉昌男という話になると、それは外せない問題なんです」

一九八〇年、宅急便は前年比三〇〇パーセントといった途方もない伸び方をしていた。会社としては、ようやく利益が出はじめた時期でもある。その年、康嗣は大学に進学した。

だが、じつを言えば、この頃の小倉家は家庭の状態としては、一番ひどい時期だったという。

当時、真理は三年ほど活動していた宝塚歌劇団雪組を退団し、家に戻っていた時期だった。

「殴り合いこそないけど、言葉の暴力は毎日。それはもうひどかった。何かきっかけがあると、姉はワーッと怒鳴ったり、責めたりする。荒れる理由はまったくわかりません。どうでもいいような瑣末《さまつ》な理由です。何かあると、『悪いのはあなたのせいよ！』と言いがかりをつけて責めてくる。あるいは、言い方がちょっと引っかかると『なんだ、その言い方は！』と因縁をつけて、けんかがはじまる。基本的にその悪罵《あくば》の対象のほとんどは母ですが、ときどき『それに引きかえ、康嗣は！』と私にも火の粉が飛んでくる。完全に言いがかりで、怖かった。だから、私はずっと逃げるようにしていました」

周囲でも知っている人たちは本当にひどかったと述懐していましたと伝えると、康嗣が頷いて続ける。

「ひとたび騒ぎだしたら、誰も止められない。本当に心臓に悪い環境でした。私にとっては正直、トラウマです」

姉の真理は康嗣より三歳年長だった。

もともと真理は父親っ子で、父親に甘えるわがままな子だったが、その父親は多忙で不在も多かった。そこに真理は強い不満をもっているように康嗣には見えた。

「姉からすると、母が私をえこひいきしているように映ったのか、えこひいきしていると文句を言っていた。実際には、まったくそんなことはなかったけれど、そういう思い込みがあった。だから、そういう面では僕がターゲットにされていた。そういうとき、僕はじっと黙って耐え、彼女と同じ土俵には立たないようにしていたものでした」

そうした経験から、中学生のときから康嗣は姉とは話をしなくなり、その後じつに三十年あまり姉と会話をしなかった。

さらに言えば、と康嗣が続ける。

「それだけ重い経験だったために、自分の子どもに関しても、きょうだい関係があれだけ大変なら二人はいらず、一人で十分と思い、一人しかつくらなかった。ほんとうに会うのも嫌だった。そういう関係で三十年以上過ごしたんです」

それだけ姉を怖れ、距離をおいていた康嗣に対し、小倉は父として何ら働きかけることはなかった。

家庭がもっとも混乱していた頃でも、小倉はまったくの無力だった。

「たとえば、姉と母がものすごい言い合いになっている最中に、父が帰ってきたとする。すると姉は『パパ、聞いてよ！』と自分の言い分を一方的にまくし立てる。すると、母も母で『冗談じゃない！』と猛烈に言い募る。そうなると板挟みです。本当なら父は家長として、二人に対して『いい加減にしなさい！』と叱ったりするべきでしょう。でも、けっしてそんなことはしない。『まあまあ』とか『お互いもっと大人になって』といった、何の役にも立たないとりなしをする。結果、火はますます燃え盛る。どちらの味方もしないことで、言い争いはますますますひどくなる。そういうことが頻繁に起きていたんです。当時会社では、宅急便の営業拡大で毎日が戦いだったと思います。でも、家に帰ったら家でも炎上していた。あの頃の父は、どこに行っても心が休まらない日々だったのではないかと思います」

康嗣はその後一九八六年に所帯をもち、家を出た。だが、実家ではさらなる混乱が続いた。その最たるものが、真理とダウニィとの交際だった。

いまと違って、当時の日本はまだ外国人に慣れていなかったと康嗣は振り返る。

「アメリカなら当時でも、人種の異なる交際は珍しいことではありません。でも、日本はそうではなかった。しかも、同じ外国人でも黒人には風当たりは強かった。だから、父や母、とりわけ母には『よりによってなぜ黒人なんだ』という苦渋の思いがあったと思います。それは俳句を見てもわかります。俳句の中で『外人』と書かず、あえて『黒人』と表現している。ダウニィに恨みはないんです。でも、世間の人はそうは思わない。周囲からあれこれ言われるのを怖れていたんだと思います。うちは世間から見られる立場です。そのことであれこれ言われ、目立ってしまう。それが母は嫌だった」

家を離れた康嗣は、姉の問題には関わらないよう、遠巻きに見ていた。だが、実家に戻るたびに修羅場となっている風景を目撃した。母と姉が大声でぶつかり、泣き喚く。

母は次第にアルコール量が増えていった。若い頃はウイスキーボンボンで顔を赤くしてひっくり返るほどアルコールに弱かったが、いつしか隠れてアルコールを飲むようになり、相当量飲んでは酔いつぶれるようになっていた。

「母は手紙好きだったので、飲みながらよく手紙を書いていました。ただ、それだけではなく、一人で夜中に酔いつぶれてしまうこともたびたびありました。それだけあからさまに荒れるようになっていました。それに対して、父はやはり頭ごなしに叱ったり、やめなさいと強く言ったりはしない。相変わらず『まあまあ』とかわすだけ。そんな曖昧な態度は、母にとっても姉にとってもストレスだったと思いますし、そのストレスが母の心臓を悪くさせたのではないかと思います」

もとより、玲子が抱えていたストレスには親族の問題があった。

玲子は小倉の父・康臣から嫌われていたうえ、康臣の三人目の妻からもしばしばいじめられていた。玲子は当時では珍しく高学歴の女性で、人に媚びない淡々とした性格だった。そうしたところが義父の康臣やその妻には不評だったのである。

後年、子どもが長じてみると娘・真理の破天荒な振る舞いが周囲で取り沙汰される。玲子は母として娘を教育できていないという苦言をしばしば耳にする。だが、真理は母の言うことを聞くべくもない。玲子は袋小路に追い込まれるようになっていった。

そんな玲子の苦悩にもかかわらず、一九九〇年一月、真理はダウニィと入籍した。そして、まもなく子どもも生まれた。この時期のことを尋ねると、康嗣もたしかに子どもの誕生はみんなを和らげたと振り返った。同じ頃、康嗣のところでも第一子の男の子が生まれていた。

「ちょうどうちの男の子がその年の八月末に生まれて、その一ヶ月後に姉のほうで女の子が生まれたんです。孫が続いて生まれた。これは間違いなく、父にとっても、母にとっても大きな変化でした。子どもはかわいいですからね。そこで緊張関係が和らぎ、姉とダウニィの結婚も許したような感じでした」

だが、母の玲子はそんな祝福の時間からわずか半年で世を去ってしまった。

それからの日々は、自分の仕事が忙しくなったこともあり、康嗣は祖母や父の世話は自身の妻に任せていた。そこには会社で親子ということを意識されないようにするため、極力触れないようにする意図もあった。

その淡泊さが行き過ぎて、上司から叱られたこともあるという。

一九九八年、小倉が大腿骨がんで手術するというとき、康嗣は通常どおり仕事をしていた。その前年から康嗣は北信越支社に支社長として単身赴任していた。ちょうど冬季の長野五輪があった年で、北信越支社は多忙な日々が続いていた。その五輪関係の準備をしていたところ、ある役員から怒鳴られた。

『今日は親父さんの手術じゃないか。早く病院に行け！』と。で、そういうものかと思って病院に駆けつけた。そしたら手術は終わっていて、父も父で『もう大丈夫だから。帰っていいよ』と。じゃあ、無理しなくていいかと思い、『また来るわ』と、数十分の滞在でまた長野に戻ったのです。あとはまた妻に世話を任せて。素っ気ないかもしれませんが、そのあたりの公私の関係はできるだけ近くならないようにしていました」

そんな距離感をもっていた康嗣にとって、父が数十億円相当の株券をはたいて障害者福祉の財団法人をつくると言い出したときも、さほど違和感はなかったという。

本当ですかと重ねて問うと、もちろん驚かなかったわけではないですと笑った。

「最初に聞いたときは、びっくりしました。でも、私と父は似ているところがあって、もともとブランドやら過度な消費などに興味がない人間なんです。だから、私財を投じて財団法人をつくりたいという考えは不思議ではなかった。そもそも父としては『これだけのお金をどう使っていいやら』という当惑だってあったかもしれない。加えて、そういう分野にお金を出そうと思ったのは、自分の生涯に対する恩返し的な意味合いもあったと思います。若い頃、結核で死にかけて、聖書に出会って生き延びられて、宅急便という事業で成功した。そういう感謝の気持ちはあったでしょう」

では、妻や娘に対してはどうか。これまでの取材の感触から言えば、財団設立には何か別の思いがあってつくったとしか思えなかった。また、それは妻と娘に何がしか関係しているように感じられた。

そう指摘すると、康嗣もそれもあったはずですと首肯した。

「母がなくなったことはもちろん関係しているでしょう。加えて、姉の育て方に対して、自分で納得できなかった思いもあったはず。家で騒ぐわ、離婚して帰ってくるわ、再婚となったら外国人だわ……と次から次へと騒がしかった。そういう娘を育ててしまった反省も、財団設立にはあったと思います」

やや角度がずれているように感じたが、康嗣はこちらの違和感もあえて飲み込んだうえで、そのあたりは姉に聞いてみないとわからないと続けた。

では、三十数年ぶりに姉と和解したきっかけは何だったのか。それはやはり病気の父を今後どのようにケアするかという、きょうだいにとって共通かつ重大な問題に直面したことだった。そして、そこには遠野の問題もあった。

「遠野さんの存在は私も姉も以前から知っていました。土曜に恵比寿に寄って過ごしていると、『そろそろ今日はいいか』とこちらを早く去らせるようなことを言って、おかしいと思ったらそういう事情とわかったこともあった。姉は姉で銀座の彼女の店に連れていってもらったこともあったという話です。その意味では、以前から存在は知っていたのです。とはいうものの、いよいよという時期が近づきつつあるなかで、彼女の存在を放置しておくこともできませんでした。そこで、姉とどう対応すべきか協議する必要に迫られました」

解決すべき個別のテーマが持ち上がったことで、康嗣と真理は昔はどうだといったお互いの確執的な話をせずにすんだ。この状況が康嗣にも真理にも幸いした。過去を語らず目の前の議題について語ることで、はからずも姉弟間の空いていた距離が埋まった。

家族として病床の父をどう見守るか。協議の結論は、QOL（生活の質）を高めるべく、病院から有料老人ホームに転居させることだった。

確認すると、康嗣はやはり遠野に父の介護をしてもらえるのか尋ねていたと答えた。

「もし遠野さんが本当に最後まで面倒を見てくれるのであれば、お願いしたいと思い、その意向を尋ねたのです。でも、彼女の返事はそうではなかった。それならば子どもの私たちで最善のことをするまでです。父のQOLを最優先に考えたうえで、純粋に介護をする家族として、どうあるべきか。その結論が有料老人ホームだったのです」

実際に膝を突き合わせて話し合った結論で、遠野が面倒を見ないと答えたことは小倉にとっても心変わりを誘う出来事だった。この面談のあと、有料老人ホームへの転居を尋ねると、小倉はそれまで否定的な感覚だった気持ちを捨て去り、承諾した。

それ以前、小倉は老人ホームをあまり好きではなかった。ヤマト福祉財団の仕事で高齢者施設を視察で回っており、あまりよい印象をもっていなかったからだ。財団として高齢者問題にも取り組みたいという希望すらもっていた。

康嗣は父にそんな感覚があるのは承知だったが、康嗣たちは康嗣たちで、父のＱＯＬが最高のレベルで過ごせる環境を考えねばならなかった。つねに看護師が近くにおり、酸素吸入をはじめ、さまざまな事態の変転に対処できる。それは個人の家では難しく、また、快適な暮らしを望むなら、病室より環境のよい部屋のほうがよかった。さらに言えば、退院後にもっとも面倒をみなくてはならない康嗣の妻が通いやすい場所が望ましく、家族にとって信頼できる場所でなければならなかった。

そうしたさまざまな条件と選択の中で、小倉にとって最適な介護ができるのではないかという結論が久我山のホームだった。その選択には、久我山のホームの系列が康嗣の家の近くに建設中であり、近くそこが完成すればただちに転居できるという条件もあった。そうした条件を縷々《るる》説明したところで、小倉は転居を納得した。

「その判断には遠野さんが面倒を見ないと拒んだ一件もありました。ですが、それだけではなく、近く転居できるホームが私の家から近いという理由が大きかったと思います」

ところが、有料老人ホームに入った途端、小倉は思わぬことを言い出した。アメリカに移って、真理の家族と暮らしたいと言い出したのである。

「それまでは多少ぼんやりするところがあったのですが、不思議なことに、アメリカ行きを言い出してから、急に頭がシャキッとしだした。目的ができたからかもしれません」

渡米は簡単なことではなかった。だが、小倉からすれば自分の余命がどれくらいなのか想像したうえでの結論だと思われた。

入院していた東京都済生会中央病院の担当医に相談すると、小倉の体力、病状から長時間の飛行機での移動を含むアメリカへの移住に不安をもちつつも、手を尽くしますという返事だった。ただし、急がないといけなかった。二月時点での所見はゴールデンウィークまでもたない可能性が高いというものだったからだ。がんはすい臓だけでなく、肺にも転移していた。

それだけ厳しい状況だったが、小倉の意志は固かった。人生の最期をどう迎えるかを考えたとき、身体の不自由を踏まえても浮かんだのが、ロサンゼルスの真理のもとだった。渡航には看護師が現地まで同行することになった。移動には車いすに加えて、酸素ボンベも必要だった。

それにしても、なぜ小倉はそこまで無理をおして、アメリカに向かったのだろうか。そう問うと、康嗣はやはり姉の家族といたかったんでしょうと答えた。

「とくに孫に会いたかったんだと思います。うちの子は男だったたし、照れ屋だったたからそうでもないけど、姉の子は三人が女の子で、すごくかわいがっていた。『孫に囲まれて暮らしたい』とよく言っていた。そうやって楽しく過ごしたかったんだと思います」

自分自身に関する要望は多くなかった小倉が、人生の最期に直面してもった強い希望。無謀ではあったが、子どもたちとしては叶えてあげるのが務めだと考えた。

そんな話のうえで、小倉の最期の日々については姉に尋ねたほうが正確だろうと康嗣は語った。かつてと違い、いまの姉は見違えるほど穏やかになったという話だった。

「むしろ姉は姉で、父や母に対して考えることはあると思います。僕から打診するのでちょっと待ってもらえますか」

そこで再会を約束するとともに、真理との面会を依頼して別れた。

家族と病

日本では梅が満開ながらやや寒いという時季だったが、季節の変化があまりないロサンゼルスでは、数ヶ月経ったあとでも温度も気候も違いを感じられなかった。

「そこが過ごしやすさでもあるのですが、四季を味わう日本人としては、ちょっとさびしいところでもあるんですね」

そう康嗣も呟いた。すこし早く着いたので、目的の店で待っていた。海に向かう芝生の一角では、結婚式らしい集団が賑わいを見せていた。気性が激しく、攻撃的な応待をするという真理とは、実際にはどんな人なのか。考えると、緊張を覚えないわけにはいかなかった。どこから話すべきだろうかとぼんやり考えもしたが、戦略を立てるべき問題でもなく、率直にあたるしかないと感じていた。

ややあって、黒いワンピースに身を包んだ華やかな雰囲気の女性が遠くに見えた。

「ダウニィ真理です。こんなところまでわざわざすみません」

康嗣とともに屋外のパラソルのあるテーブルを囲んでからの会話は、しかし、予想外の展開だった。姉弟の会話は掛け合い漫才のようにテンポよく、驚くほどスムーズだったからだ。

最初に両親はいろんなことに無頓着だったという話がはじまると、二人の会話は流れるように展開していった。

「父は人にブランドがわかってしまうようなものは避けるような人で」と真理が言うと、康嗣が「そう、外車とかも興味ないし、機能だけなんです」とあとを続ける。「家でまったく威厳がなかった」と真理が振り返ると、康嗣も「だから、会社に入ってからのイメージのギャップがすごく大きかった」と頷く。姉弟で見る父親像にほとんどぶれはなく、またこれまで聞いていた小倉像を裏書きするような逸話が矢継ぎ早に語られた。

家族ならではの見立てとして、二人がすぐに一致したのが小倉のクリスチャンとしての考え方だった。

「父の考え方の根本はかなりキリスト教に基づいていたように思います。自分でよく語っていたのは『イエズスがみんなの罪を救うために十字架にかかってくれたんだから』という言葉。実際、父の視点というのは、必ず弱いものに惹かれていました。絶対強いものにはいかない。宅急便だって、ふつうの主婦とかの不便や不都合に目がいって、事業化に結びついたし、福祉財団だってそう。それは、自分も弱きものという自覚があったのかもしれない」

そう真理が言うと、康嗣が続ける。

「それは自分が小心者で、気が弱いとつねづね語っていたこととつながるよね。その小心者が世の中で闘わなくてはいけないとなって、論理とか理屈で武装した。そう考えると、一貫するんです。弱き者の立場でいるほうが、社会が見やすかったんだと思います」

「でも、こういう話もしたことある。『パパ、偉そうに振る舞ったりしないし、ださい格好しかしないけど、内面ではすごい自信もっているでしょう?』とあるとき尋ねたの。そうしたら『そうかもしれないな』と笑った。そういう静かな自信はあったと思う」

二人から語られる小倉の逸話はどれも興味深く、身近に接してきた肉親ならではの肌触りがあった。だが、それ以上に不思議だったのは、真理の様子だった。

事前のさまざまな取材で得ていた情報、あるいは弟の康嗣の話から、真理の取材が決まっても安心はしていなかった。取材がはじまっても、話の途中で突然怒ったりしないか、あるいは取材が成立するかどうか。康嗣は「ずいぶん変わりました」と言い、実際に取材を引き受けてくれていても、心配だった。

だが、実際に会ってみると、それは杞憂《きゆう》だった。

不安視していた感情の振幅は露ほども表さず、話し方も物腰も安定していた。それまでの取材で聞いていた性格的な不安定さはまったく感じられなかった。それどころか、表情は明るく、こちらの意図をすぐにつかみ、どんな質問にも嫌がることもなく、的確に答える。

これはどういうことなのだろうかと、取材開始から疑問に思えてならなかった。

そんな戸惑いを感じたのか、純粋に話の流れだったのか、真理のほうから自ら切り出した。

それまで宝塚の話をしていたときだった。

「でも、私、宝塚に入る前、家で大変な存在だったんです。父も母も相当頭を抱えていたと思います」

どういう意味か、もう少し詳しく教えてもらえますか。

「十一歳ぐらいからでしょうか。いまの言葉で言うと、〝キレる〟ようになっちゃったんです。そのキレ方が尋常じゃないんです。自分で言うのもなんですが。ワーッと言って、ものすごい怒鳴ったりと、自分で止められないんです」

康嗣も口を挟む。

「そう。僕も母もよく犠牲になってた」

「とくに母親ね。近所の家にとっても、ものすごい騒音だったと思う。隣近所に知られるくらい、すごい暴れ方だったんです。みんなに迷惑かけて本当に悪かったと思っている。ずっとそういうのが続いたんです。暴力は振るわないけど、口の暴力。それを家庭内でやっていた。でも、自分自身では本当に止められなかったんです」

それはひょっとすると……、と問いかけると、真理は先回りして頷いてから語った。

「そう。精神科にもいろいろ通ったんです。その結果わかったのは、境界性パーソナリティ障害ということでした」


じつを言えば、これまでの取材からぼんやりと感じていたのが、真理は精神疾患ではないかという疑いだった。過去に精神疾患・精神障害に関する取材を何度となく手がけたなかで、真理のようなケースは複数見聞きしたり、接したりしていた。

そして、遠野久子の話にも小倉がそれをほのめかす話があった。そうした経験から、ひょっとすると、と感じていたのだ。真理本人の告白に驚くと同時に、いくつかの疑問が氷解していくのを感じた。

境界性パーソナリティ障害とは、怒り、寂しさ、不安、自己否定感といった感情が頻出して考えを捉え、衝動的な行動に出たり、対人関係でトラブルを起こしたり、アルコール依存といった破壊的な行動を起こす。近年の研究では、そのベースには抑うつ状態＝うつ病があることもわかってきており、うつ病系の薬剤治療で改善されることがあるなど、次第に解明されてきている。

ただし、真理へのそうした診断は大人になって判明したもので、それまでの三十年ほど、精神障害の病名はまったくわからなかったという。

「実際に、境界性パーソナリティ障害と確定したのは一九九四年頃でした。それまでは、診断も一定しないし、治療自体がなかなかうまくいかなかった。私としては境界性パーソナリティ障害とわかって本当によかった。この障害は完全に治るのは難しい。でも、薬を飲み続けていれば安定する。それがわかっただけでも安心しましたし、二〇〇六年には自分に合った薬が出た。それでものすごく精神状態が安定したんです」

ということは、それはすでに小倉さんはなくなったあとということですね。

「はい。父が二〇〇五年になくなったあと治ったんです。親がなくなるのは悲しいことです。また、私にとっては、甘える人がいなくなったという意味でもあります。でも、どうもその事実がよい方に作用したようなんです。以来、まったく、本当にまったく暴れないし、キレなくなった。だから……病気だったんですね」

そう語る真理は自身を客観的に観察している余裕があった。康嗣も耳を傾けながら、うんうんと頷いていた。

真理の変調がはじめて出たのは十一歳。その当時、その年齢で、自分でも自分のことがわからなかったという。

「朝起きると、お腹が痛くなって学校に行けなくなる。ところが、病院に行くと、どこも悪くない。当時は神経内科もないし、母もわからないから、『仮病じゃないの』と言う。そういう見られ方もつらかった」

複数のカウンセラーに診てもらったが、原因はわからなかった。一九六九年という時代では無理もないことだった。精神医学全体では各種精神疾患の症例は積み上げられていたが、うつ病や躁うつ病（現双極性障害）でも統一的な診断基準はなく（病院ごとにつくられていた）、医師の所見次第という時代だった。

暴れたり、怒鳴ったりという中学時代を送るなか、真理は中学三年生で登校拒否となり、一学期まるごと入院することになった。

「でも、宝塚が大好きで、どうしても宝塚音楽学校に行きたい気持ちが強かった。学校に行かないなら宝塚に進学させないと親に言われて、高校には頑張って行ったんです」

高校卒業後、宝塚音楽学校に進学した。ところが、今度はそこで別の症状が発症した。摂食障害とアルコール依存。まだ摂食障害という言葉もなかった時代である。

「これはほぼ同時に出ました。最初はものすごい太ったんです。でも、職業的に太ってはいけない。そこで、食べ物を制限していたら、今度は食べられなくなった。と同時に、夜寝られないので、お酒を飲んで寝るようにしはじめたら、今度はアルコール依存が進んでいった。そこから、手を替え品を替え、何かしらアディクションが続きました」

すると、どちらからともなく、母もそうだったしね、と母・玲子の話につながった。

「ママもアルコール依存症になったからね。飲んで酔いつぶれて、パパが起こしてということもよくあった。それでそういうのが一番ひどくなったのが、いまの主人ドナルド（・ダウニィ）を連れてきた頃でしたね。そして、それは父にとってもいちばん困ったことでした」

そう真理が言うと、康嗣も静かに頷いていた。

当時、真理は夜中に小倉と話し込むことがあったという。社会情勢から哲学的なことまでテーマは多様で、真剣な議論だった。そんな話に小倉は朝までつきあうこともあった。そんな議論の一つに、当時世界的な関心事だったアパルトヘイト問題があった。映画では『遠い夜明け』（一九八七年）といった作品が話題を呼び、音楽でも各種反対運動のライブイベントなどが繰り広げられた。そんな話題に関して、親子で激論をした。人種が違うことで隔離政策などはひどいという話で盛り上がった。

そうした議論からあまり日が経っていないときに、真理はダウニィを連れてきた。小倉は慌てていたという。

「父は人種差別は悪いと思っていたし、黒人とつきあうことが悪いなんて絶対言わなかった。弱者がいれば必ず弱者の立場に立つ父としては当然の理解です。でも、自分の娘がつきあう相手とは考えていなかった。これは困ったという感覚だったと思います」

小倉にとって、真理に対する思いは理性と感情の対立でもあった。バニティ・ハウスの経営では真理がダウニィを忘れるだろうと小倉は賭けまでしていたという。

「最終的には弱き者の立場に立つ考えが勝ちました。アパルトヘイトも人種差別も許せない。黒人は弱い立場という、父特有の考え方が意識の前のほうに出たのだと思います」

話は多岐にわたり、三時間を超えたが、その日はちょうど真理の家で夕方からパーティがあるとのことだった。翌日、康嗣は用事が入っていたが、真理は空いているとのことだったので、翌日に再度会う約束をした。

真夜中の緊迫

二日目の待ち合わせ場所は、広大な駐車場とともに多くのショッピングストアが複合的に並ぶ巨大モールだった。

強い陽射しのなか、いまカリフォルニアで広がっているという自然志向の店舗を訪れた。まもなく真理がサングラス姿でやってきた。

陽光の明るい空気には似つかわしくない話だったが、まず話は母との関係から投げてみることにした。というのも、真理と母との関係性が深くこじれているように思えたからだ。

真理が精神疾患を発症しはじめた十一歳当時から再度尋ねてみると、やはり母の自分への態度はつらかったと真理は即答した。暴れる、怒鳴る。そのとき真理としては自分に向き合ってほしいと願っていた。

だが、母は真理に向き合わず、周囲ばかりを気にしていた。それが真理は嫌だった。

「近所に聞こえるので恥ずかしいとか、どう見られるかしか気にしていなかった。それがこちらにはつらかった。私に向き合わないから、私はますます苛立って声も大きくなり、ものを蹴っ飛ばしたりと、悪く発展してしまっていたんです」

同時に、真理は母の顔色も気にしていた。勉強の成績などで母からは強いプレッシャーがあり、期待もまた高かった。

「母は『そんなに言ってないわよ』と私に言うのだけど、私に対してよく怒り、よく泣いていた。私は怖かったし、そんな母に、怯えていた。もともと母はよく泣く人だったんです。だから、私は幼い頃から、母の機嫌や精神状態をうかがっていた。顔色をうかがう癖がついたのは四歳ぐらいで、そういう癖はいまでも残っている」

そんな母への不安感が、次第に自分を肯定する自尊感情の低さにつながっていったようだった。真理は自分に自信がもてず、何をやっても自己評価が低くなる。そうした苛立ちがつねにあったという。

一方、父は母と違って気楽に話せる存在ではあったが、荒れた状態になったときには弱腰で、頼りにならなかった。と同時に、真理が気に入らなかったのは、いつでも真理を子ども扱いしようとしていたことだった。

「私が騒いでいるときに、父はけっしてガンと叱ったりしなかった。だから母は『なぜ親なのに叱らないの！』とますます怒る。私が言うのも変ですが、本当はそこで男親らしく叱ったり怒ったりすべきだったのだと思います。また、もう一つの子ども扱いという面では私は苛立つことが多かったです。父はなんでも親として面倒を見ようと、しゃしゃり出るところがあったからです」

たとえば役所の書類をもらうと、真理が自分で書くべきところを小倉が先んじて代わりに書き、手続きをしようとする。それは真理にとって自立の阻害であり、馬鹿にされていると感じる行為だった。

「成人してまもない頃、当時、空港では『出国手続き』というカードに名前や旅券番号や目的地などを書く手続きがありました。あるとき私が渡航する際に、一緒に空港に行ったところ、勝手に父がそのカードを書きだした。そのとき空港の公衆の面前でしたが、私はキレたんです。『私はそんなにバカじゃないから！』と。当時の父は社会的に知られる存在でしたが、私は我慢できなかった。そしたら、『おう、ごめん、ごめん。いつでもパパはこうやって余計なことをしちゃうんだよな』と反省していて」

その関係におけるメンタリティとはこういうことだろう。真理としては自分に対する自己評価が低いために、自分の力で取り組み、その取り組みや成果を評価してほしい。だが、小倉は日ごろの習性で娘に対してお世話したい気持ちで手を出してしまう。結果、その厚意は真理にとっては逆効果になっていた。

康嗣によれば、宅急便の拡大期が真理と母との関係が最悪の状態という話だった。この時期のことを真理に尋ねてみると、真理だけに問題があったわけではないようだった。

なぜなら、その時点で真理同様、母がすでに荒れていたのだという。玲子がお酒を飲みだしたのは、真理が大人になってからという話だったが、そうではなかった。

「遅くとも私が宝塚音楽学校に通っているときには、すでに母は飲んでいました。たまに宝塚から帰ってきて夜中に目覚めると、母は一人で飲んでいた。また、父が夜中にいないことに気づいてキッチンなどを見にいくと、酔いつぶれていることもかなりあったようです。当時父は宅急便で忙しかった時期ですが、じつは家でも大変だった。なぜ母がアルコールに溺れるようになったのかと言えば、祖父の康臣やその三番目の妻のいじめもありましたが、もっとも大きな要素だったのは母自身です。彼女が周囲の目を気にして、自分で自分を追い込んでしまっていたのです。つまり、ちょっとしたことに過敏に反応したり、自分で自分をさいなんだり……繊細すぎる性格だったのです」

もともと玲子は性格は地味で真面目な人間だったという。一人娘で大事に育てられ、戦中の生まれながら女性で大学まで行かせてもらい、お見合いで東京の運送会社の御曹司と結婚した。はために見れば、十分成功なはずだった。

だが、東京での暮らしでは、康臣の後妻からは「奴隷」のような扱いをされ、世間的には田舎者扱いされた。静岡・蒲原町では名家でも、東京のヤマト運輸の嫁としてはどうか。そんな人格を否定される経験が多くなった。培ってきた自尊心は粉々に砕かれた。

そうした日々のなかで、玲子はいつしかアルコールに逃げるようになっていた。康嗣の話でも、あるいは伊野や岡本などの話でも、そうした苦言や「いびり」が玲子を傷つけているという話は複数あった。

いずれにしても重要なのは、真理ともめる以前から、玲子は自身をめぐる環境に苛立ち、傷つき、自分を追い詰めてアルコールに助けを求め、尋常ではない酔い方をしていたということだ。さらに言えば、真理が精神的に不安定になっていった要因にも、玲子の対応が関係していた可能性さえある。玲子の心理もまた健全とは言いがたい状態だったのが、真理の話から明らかになりつつあった。

そして、母と娘の関係においてもっとも対立することになったのが、ダウニィの問題だった。娘の選んだパートナーに対して、当初、母は頑として認めることがなかった。

しかし、いかに母や父と衝突しても、真理はダウニィと別れなかった。そこで聞いてみたかった基本的な問いを投げてみた。ダウニィさんはどこがよかったんですか。

そう問うと、真理は笑いながら、まず大きかったことと答えた。

「私が小柄だから、大きいほうがいいなと思ったのと、とにかくやさしい人だったからです。彼は街中で老人や子どもなど弱い立場の人にやさしかった。私に対する態度はそのときの恋愛感情だからあてにならないけど、子どもや老人だったら素顔がわかりますから。あるいは、ネイビーは給与は少ないのに、八人兄弟の長男だったから故郷のお母さんに仕送りをしていた。そういう根っこのやさしさにまず惹かれました。私は親からもらうばかりで、親に何かしてあげるなんてことがなかったから余計インパクトがありました。そして決め手だったのは、ポケットバイブルを持ち歩いていたことです。熱心なクリスチャンなんだと思って、すごく安心した。それは父と同じでした」

真理自身、「行動は伴わないものの」信仰には篤く、クリスチャンという価値観は非常に重要だったのだという。

「父は私が幼稚園に入る前から、毎日寝る前にお祈りをしていました。神様に『おやすみなさい、お守りくださいさい』と毎日お祈りする。そういう育ち方をしたので、信仰の篤いクリスチャンのほうが居心地がよいと思ったんですね」

ただ、入籍の時点では小倉夫妻は真理たちをあまり歓迎しなかった。

ダウニィとの結婚を快く承認しなかったことは、真理にとって残念だったし、悔しい部分もあった。

一方で、母の様子を見ていてやむをえないと思える部分もあった。なぜなら、その頃の玲子は、どう見ても精神的に病んでいるとしか見えない状況になっていたと真理は振り返った。

真理は中学時代からの通院で、精神科への関わりはその時点で何年も経験があった。そんな真理から見ても、当時の母はかなり危険な状態になっていると映った。だから、母に対し、病院で診てもらうよう促していた。

「当時の南青山の家は、日赤病院まで歩いても五分で行けるくらいの距離でした。その日赤病院に、父が母を抱えて駆け込んだことが三度ありました。必ず夜中でした。私が知っているだけで三度はあった。ということは、ひょっとしたら、もっと多かったのかもわかりません。その数回は致命的なものはなく、ちょっとした手当てで帰れるようなものだったのは幸いだったと思います。ただ、そういう母を見て、私も疲れてしまい、『もういい加減にして』と本人に直接言ったりもしました。それにちゃんと病院に行きなさいとも言っていたんです」

だが、精神科が嫌だったのか、自身の病状を軽く捉えていたのか、玲子がまともに自分の治療に取り組んだ形跡はなかったという。

「日赤に運ばれたとき以外でも、父に連れられて心療内科の医者に行ったことはあったようです。でも、薬をもらっても、ちゃんと飲んでいなかった。症状としても、行動で見ても、明らかにうつ病でした。でも、当時はうつ病という概念への理解も、本人のうつ病という病気の危なさへの認識も乏しかった」

話が思わぬ方向に進んだことで、緊張を覚えないわけにはいかなかった。取材の過程でなにげなく耳にした疑いに突如として戻ってきた話だったからだ。

もともと玲子は狭心症を患っており、実際にニトロも服用していた。そして、その日はたまたま発作がひどく、舌下錠の薬が間に合わなかったというのが、玲子の死因のはずだった。だが、話の流れは明らかにそうではないことを示唆していた。

――狭心症ではなかったということですね。

そう問いかけると、真理は静かに首を揺すったうえで、「そうなんです。本当は」と応じた。

真相

なくなる前々日の金曜の夜、南青山のマンションを真理はダウニィと赤ん坊の長女と一緒に訪れた。ちょっとしたことから、真理がダウニィとけんかをはじめると、玲子はそれを見て「いい加減になさい！」と激怒し、今度は真理と玲子のけんかとなった。それはこれまで何度も繰り返してきたけんかの一つだった。

翌土曜の朝、玲子は自分の母、きみゑが一時的に住んでいた葉山のマンションに飛び出していった。その後、真理たちが自分たちのアパートに帰ると、小倉は葉山のマンションに電話をかけ、玲子と長時間の話をしたのだという。そして、夜になって小倉は高田三省や多摩の運送会社社長らと武蔵小金井にあるフレンチレストランに出かけていった。

日曜の朝、母のきみゑが発見したときには、玲子はすでに事切れていた。

母の死の影響で、真理はそのあと本格的な重いうつ病を患い、大学病院に入院した。自分が原因ではないかという罪の意識に苛まれたからだ。苦しむ真理に、小倉はたびたび病院を訪れては頑なにこう伝えたという。

「真理のせいではない。パパのせいなんだ」

ただ、そう自分に責任を帰する理由は語らなかった。

真理はそれからしばらくもう自分は立ち直れないのではないかとも思ったという。このときの入院はそれほど重く、苦しいものだった。

「もともと若い頃から暴れたり、叫んだりしてきましたが、このときはもうだめかと思いました。薬を一つ飲み忘れると、涙が止まらなくなる。悲しいかどうかもよくわからないけれど、ひどい落ち込みになる。あまりにひどい精神状態が続き、もうふつうの生活は送れないのではないか、と心から怖れました」

だが、医師は難しいことを考えず、まずは適切に薬を飲んでいくことを指示し、真理はそれをきちんと守っていくようにした。すると、薬の効果が現れていき、次第に通常の感覚、通常の生活を取り戻せるようになっていった。

一つ重石《おもし》となったのは、玲子の母・きみゑが「誰にも言ってはいけない」と釘をさしたことだった。それを黙って保持しつづけるのは真理には苦しいと思えた。

「あるとき私が父に『重荷だから苦しい。なんで隠さなきゃいけないの』と聞いたんです。そしたら、父は『べつに隠すことはないよ』と言ってくれた。実際、父は母と仲のよかった友人には真実を話していました。そうやって父が重石をとってくれたことには助けられました」

そのうえで、真理は母と祖母の関係にも思いを馳せた。よく考えると、じつは小倉家でもっとも大きい存在感だったのは祖母だったと真理は語った。

「祖母は明治生まれで、頭のいい、はきはきした気丈な人でした。自分に自信があり、頑固で、自分の意見を曲げない人でした。そういう祖母がずっと母を押さえつけていたんです。母は賢いいい子で育てられて、祖父母が敷いたレールの上を歩いてきた。結婚してからも、家の食事までずっと祖母が仕切っていて、これを食べたらいい、これはダメとやってきた。なのに、母は私みたいに逆らうようなことがなかった。要するに、母は上は祖母に縛りつけられ、下は子どもの私が言うことを聞かずに暴れ、と板挟みにあっていた。もっと自由にすれば違っていたのに、といまは思いますね」

こうして話をしてきて、ようやく小倉が抱えていたものの総体がおぼろげに見えてきたように思えた。

真理の幼い頃からのトラブルにしても、玲子の患っていた病気にしても、どちらにも精神的な問題が存在していた。病名やその程度に差異はあっても、精神障害や精神疾患が二人に関係しており、小倉はその苦悩をずっと抱えていた。

小倉は日中は宅急便事業で東奔西走するかたわら、家に帰ると、母と娘の衝突を避け、二人の症状を緩和させようと奮闘していた。

娘は「わがまま」だから傍若無人の振る舞いをしていたわけでもないし、父も「北海道が好き」という理由だけで玲子を出張に同行させていたわけではなかった。一人にしておくと何をするかわからない、というきわめて現実的な危機があって、北海道に連れ出していたのである。

こうした事情を把握したうえで福祉財団のことを考えると、財団は「なんとなく」設立されたわけではなく、明らかに小倉にはある種の意図があったように思えた。

こちらが財団のことに触れようと話しだすと、こちらが尋ねるより先に、真理は回り込んで語りだした。

「父にとっては、私の精神的な不安定さが心配の種だったんです。それは母に対してもあったと思います。少なくとも、ふつうの仕事は私には任せられないと思っていたのは間違いありません。実際、若い頃の私はあまりふつうの仕事ができなかった。だから、障害者福祉の財団をつくると父が言い出したとき、私はすぐ気づきました。これは身体障害者を含めているけど、たぶん父は精神障害を最初に考えたんだろうと。それは、つまり、私や母に対して……自分ができなかったことを、この財団を通じて行いたい、ということだったのだと思います。そう考えると、私としては財団設立はうれしいことでした」

じつは、身体障害者より精神障害者に対して支援を強化しなければいけないということは、小倉もやや遠慮がちに著書で語っていた。

〈日本においては精神障害の方のケアが一番おくれを取っていたのです。たしかに福祉の現場に行くと、精神障害の方に対するケアはたしかに難しいということを体感します。（中略）精神障害、たとえば統合失調症の方の場合、いったん良くなったもののいつ再発症するかどうかわからないというケースが少なくないと聞きます。つまり、常に病気になる可能性を抱きながら生き続けなければいけない人たちが多い。せっかく治ったと思っても、すぐに病院に戻ることもある。ゆえに、精神障害の方の社会参加への道を開くためにはさまざまな努力と工夫が必要になるのです。〉（『福祉を変える経営』）

財団設立には、宅急便の活動で見られたような、小倉特有の正義感もあっただろう。

あるいは、熱心なクリスチャンだったことから、キリスト教特有の博愛主義や弱者の立場で社会に立ち、弱者のために寄与したいという思いもあっただろう。六十歳になったら福祉をやりたいと考えていた玲子の遺志を継いだ部分もあっただろう。

だが、小倉の心のもっとも底に流れていたのは、真理や玲子が患った心の苦難に対する思いではなかっただろうか。そして、長く苦しんできた二人の家族に対して、力になれなかったという思いがあり、ある意味では贖罪《しょくざい》のようなその思いが数十億円もの私財を投じる最初の原石だったのではなかっただろうか。

そんな推測を投げてみると、真理もゆっくり頷いた。

「父の人生はものすごく仕事に重きを置いたものでした。けれど、じつは家庭の影響が大きかったんじゃないかと思うんです。私が言うのも変ですが、家での父は本当に苦労に次ぐ苦労の連続でした。よくそれを我慢できたなあと私自身が思うほどです。父は苦難は飲み込んでしまうタイプの人でしたが、本当にたくさん苦難やつらい思いを父は飲み込んできたと思います」

そして、こうした小倉の思いがわかってくると、最期の時を迎えるにあたって、なぜ渡米という、身体的にも大きなリスクを冒してまで真理のもとを訪れようとしたのか、別の意味合いが見えてくる。

小倉はある鼎談で、障害者が自立するための支援対策が日本ではお粗末だとして、こう発言している。

〈だから、障害者を持つ母親は「この子は私がいなくなったらどうやって生きていけるんだろう。この子が死ぬまで私は死ねない。一日でもいいからこの子よりも長生きしたい」と言ってみんな切実に悩んでますよ。〉（「季刊　ほおづえ」第十八号）

この「親の思い」は、まさしく小倉の思いそのものではなかったか。

じつは康嗣は、父が最後の日々を迎える際に米国の真理のところへと向かったことについてこう語っていた。

「父は、姉の話になると、あんな娘に育ててしまったのは私の責任だ、私が面倒を見なきゃならない、ということは、何度となく語っていた。そんな父のことを考えると、最後の最後でわざわざアメリカまで行ったのは、孫に会いたかっただけではないと思うんです」

では、何がアメリカへ向かわせる要因だったたと。

「たぶん父は、最後まで自分が真理の面倒を見なければならない――。そう考えていたんじゃないかと思うんです。あの年齢、あの身体で『自分が面倒を見る』とはおかしな話なんだけど、そう考えると父の行動は納得がいくんです。不安定な娘の面倒を見ようと、はるばるアメリカに渡ったんです」

思いもよらぬ指摘だった。

だが、そう考えると、余命短い身体で無理をおした理由が納得がいった。

そんな康嗣の見方を真理に伝えると、たしかにパパはそう考えていたかもしれない、と真理も頷いた。

「私に何かあったら、自分がなんとかする。父はずっとそう考え、また、そう行動していた人でした。最後までそう考えていたのかもしれませんね」

その小倉の最期は本当に穏やかなものだったという。

第8章

最期の日々

小倉が最期を迎えた米ロサンゼルスのレドンドビーチ（著者撮影）

平穏の祈り

時速三十キロメートルくらいだろうか。二秒ほどで視界の左から右に荷物が移動していく。ベルトコンベアに積まれた荷物は途切れることなく流れ、赤いレーザー光のバーコードの読み取り機を経て、いくつもの出口へと分かれて流れていた。

ガイドの女性は訓練された語り口で、施設内部を案内していた。

「こちらが宅急便の仕分けルートになります。こちらでは一時間に四万八千個の荷物を仕分けることができます。これは従来の私どもの施設に対して、二倍の処理能力となっております」

二〇一四年一月、羽田空港近くでオープンした羽田クロノゲートは、ヤマトの物流事業における新機軸を多様に詰め込んだ新施設だった。記者発表に集まった取材者たちは、仕分けルートの見学路で口々に驚きを表しながら、構内を進んでいった。

あえて指摘するまでもないことだが、現代において物流は電気や電話と同じような基礎的インフラとなっている。インターネットでの通信販売やものの流通が加速度的に展開するなかで、物流はかつてないほど重要な基幹産業になった。

いまや電話一本かければ、どこの地域でもクロネコヤマトは集荷に来るし、どこの地域に住んでいてもクロネコヤマトが届けにくる。東日本大震災で無数の避難所に避難民が分かれて暮らしていたときですら、クロネコヤマトの各地のセールスドライバーは会社の指示がない段階から誰がどこにいるかを突き止めて物資を送り届けていた。

そんな宅急便という発明を行ったのが小倉昌男だった。

これまで多くのメディアが小倉を語ってきた。曰く、宅急便の父、曰く、行政の規制と闘った闘士、曰く、障害者福祉に私財を捧げた篤志家……。どれも間違いではなかったが、それらですべてが表現されているわけでもなかった。

長い取材を振り返ったとき、そのほかにもう一つ、現代を先取りする問題に小倉は向き合っていたことに気づいた。精神の病という問題である。

うつ病が社会問題となって知られるようになったのは、九〇年代後半から二〇〇〇年代に入ってのことである。いまではうつ病など気分障害の患者は約百十万人を超え、広く知られるようになっている。また精神科や心療内科の医療機関も格段に増え、精神の病は身近なものとなった。

だが、それ以前、うつや精神疾患はさほど一般的ではなく、周囲に隠すのがつねだった。偏見や誤解も少なからずあったうえ、親族に精神の病をもった者がいた場合、就職や結婚などに影響が及ぶ可能性もあった。そのため、精神の病は秘匿されるものだった。そんな時代に、小倉は妻と娘の病を抱え、対峙していた。明晰な頭をもつ小倉からすれば、娘や妻の異常な振る舞いをただの性格と片付けていたわけではないだろう。真理は中学にして長期の入院をし、長じてはアルコール依存や摂食障害になった。妻の玲子は世間体に対するストレスや娘との対立から、アルコール依存や抑うつ状態になっていた。

たびたび家庭内で繰り返された毒の込められた言葉の応酬。そんな地獄絵図のようななかで、小倉は二人を叱らず、つねに曖昧な態度に終始していた。小倉が声を荒立てなかったのは、彼が「小心者」だったからではないだろう。

その理由を考えると、合理的な答えが自然と浮かぶ。小倉は早い段階で、二人の振る舞いの根源が病から発していると気づいていたのではないか。そう考えると、小倉の対応がいつでも控えめだったことも納得がいく。娘がいかに暴れようとも、妻がいかにアルコールに溺れようとも、そして自分を傷つけようとも、心の病とわかっていたから怒れなかったのである。

もちろん、ただ単に家族に声を荒らげたくなかった可能性を否定するわけではない。心根のやさしき小倉であれば、主義としてそうしたくなかったのも理解できるからだ。

それでも、精神疾患や精神障害という病に理解の乏しかった時代に、小倉が娘と妻に心を砕いていたことはうかがえる。思春期の端緒から心に病をもった娘には、本人の希望どおり、宝塚音楽学校に行かせてあげ、ハワイに留学させてあげる。それで娘が前向きになり、精神状態が安定するのであれば、小倉にとっては何でもないことだっただろう。

同様に、妻の玲子が気持ちがふさぐのであれば、海外の出張にも同行させ、北海道や九州への出張へも同行させた。そして、妻のならっていた俳句も自身でも嗜み、宗派も改宗した。もしかすると改宗という決断も、妻と同じ宗派に合わせるというだけでなく、毎朝歩いて教会に通うという日課が妻の心を安んじさせると思ったのかもしれない。

それでも悲劇が起きた。わずか一夜、自身の下を離れ、妻が葉山に泊まったことで、悲劇を防ぐことができなかった。その後悔がどれほどだったか、想像するにあまりある。

衝動的な出来事で妻を喪った小倉が、精神の病や障害に対して、どのように考えを巡らせたのか。正確なことはわからないが、その二年後に財団をつくったという事実は、なによりも小倉なりの強い結論と考えるのが自然だろう。

後半の人生をかけて、小倉は精神の病に向き合わざるをえなかった。その根っこにあったのは、何万人もの障害者に対してというより、妻と娘に対する一人の父、どこの家族にも共通する父親としての思いだったように映る。

一九九二年六月、妻を喪って一年ほど、財団を立ち上げる一年ほど前、小倉はヤマト運輸労働組合の研修会に呼ばれて講演を行った。群馬県・水上温泉のホテルのホール。演題は「新時代の転換とヤマト運輸」という味気ないものだったが、副題がついていた。「変わるべきものと変わるべからざるもの」。ビデオに残る当時六十六歳の小倉はまだ動きにも語り口にも若さが残る。「これは私の遺言です」と述べたこの二時間半の講演で社員に訴えていたのは、「サービスが先、収益（利益）は後」というおなじみの哲学や、一部の強者だけが幸せになるような社会への批判、弱者でも充実した人生を送れる会社でありたいという希望などだったが、じつはもう一つ密やかな意味が込められていた。

「副題です」と指摘したのは、現在ヤマト労組で書記長を務める片山康夫だった。

「『変わるべきものと変わるべからざるもの』というフレーズは、アメリカの神学者・ラインホルド・ニーバーの、一般に『ニーバーの祈り』と称される有名な言葉でした。その含意に気づいたとき、小倉さんがわれわれに伝えようとしたことは、その意味で、もっと大きな意味で語っていたのかなと思いました」

そのニーバーの祈りは世界的にこう伝えられている。

〈神よ
変えることができるものについて、それを変えるだけの勇気をわれらに与えたまえ。
変えることのできないものについては、それを受け容れるだけの冷静さを与えたまえ。
そして、変えることのできるものと、変えることのできないものとを識別する知恵を与えたまえ。〉

この言葉には小倉の洗礼名であるイタリア・アッシジの聖フランチェスコが原典という説も過去にあったが（現在は否定されている）、なにより興味深いのはこの言葉がアメリカ精神医学会の掲げる「十二段階プログラム」という治療プログラムメソッドの言葉として採用されていたことだ。アルコール依存や薬物依存、そして衝動強迫といった精神的トラブルの治療プログラムで、このニーバーの祈り（「平穏の祈り」ともいう）は参加者によっていまも唱えられ続けている。

妻と娘の二人の病に悩んだ小倉は、この「ニーバーの祈り」を胸に、自身の祈りを捧げる先を模索していたのではなかったか。そして、その結果として浮かんだのが翌年設立する福祉財団だったとすれば、私財を投じて捧げた思いは、あまねく障害者への思いとともに、安らかならんとする家族の心への祈りではなかっただろうか——。

そして、その小倉の密やかな思いに気づいたとき、一取材者として小倉の生き方を伝える意味を見出したような気がした。

黙々たりし父の愛

抜けるような青空は大正生まれの老人にはどう映ったのだろう。

ロサンゼルス国際空港（ＬＡＸ）から南に車で四十分のレドンドビーチ市。同市には週末ともなれば、多数の地元住民で賑わうビーチがある。穏やかな西風のなか、多くの人が凧揚げを楽しみ、ランニングに勤《いそ》しみ、犬と散歩する。高台に拓かれた住宅地は落ち着いた装いで、温暖な気候とあいまって人気の高い地域だ。

そんな住宅地の一角に真理とダウニィの家があった。

二〇〇五年四月十一日、ＬＡＸから移送された小倉はダウニィ家の一室に居を構えることになった。世話をするのは近隣に住む元大手商社出身で、定年後デイケアセンターに勤めている日本人男性だった。もともとビジネスをやっていたせいか、小倉とは気があった。

日本の主治医から診療を引き継いだ現地の医師も、身体に負担がかかるため抗がん剤などの積極的な治療は行わず、痛みなどの症状を抑える対症療法という療養方針だった。小倉の身体はすでに肺にもがんが転移しており、肺のほうで苦しさを感じていた。胸水がたまり、二酸化炭素が排出されにくくなるという症状が出ていた。

それでも、真理の家に着いてからの一ヶ月は、小倉は病人とは思えないほど食欲があった。食事時には、家族全員で囲むダイニングテーブルにつき、真理たち家族と一緒に食べていたという。

「もともと父はステーキや焼き肉、チャイニーズなど油っこくて味が濃いものが好き。ああ見えて、和食とかあっさりしたものはあまり好きじゃなかったんです。だから、うちでもステーキやハンバーグなど、肉系の料理をよく食べていました。五月の半ばぐらいまではかなり食欲があって、『パパ、元気だねぇ』と喜んでいたんです」

その頃、タカキベーカリー社長の髙木誠一が日本からわざわざお見舞いに来たいという申し出もあった。だが、呼吸のほうがやや苦しくなりつつある状況で、あまり会話もできないだろうと考え、謝意とともに断った。小倉は食事やトイレの時以外は、あまりベッドから動かなかったが、酸素が足りないことや薬剤の関係で、ときどき意識がぼんやりする日が増えてきたのが五月後半から六月だった。

ロサンゼルスの暮らしで、なによりも小倉が満足そうだったのは孫たちとのふれあいだった。指先で測る血中酸素の測定器や酸素供給機の調整など、身の回りの世話は四人の孫が全員で覚えて対応していた。そして、何かにつけては、祖父のベッドの近くでまとわりつく。四人の孫のうち、下の二人はほぼ英語しか話さなかったが、それでもそんな振る舞いが小倉には楽しいようだった。

そんななか、家族が変化を感じたのは六月下旬で、小倉の食欲が顕著に減りだしていた。真理もちょっと心配だという連絡を東京の康嗣に送っていた。

そして、六月三十日。この日の朝もダイニングテーブルには着いたが、小倉はほとんど食事には手をつけなかった。その後いつものデイケアの男性がやってきた。真理と娘はお昼時の買い物に出ることにした。

昼食にベッドでそうめんを出すと、小倉はすこしすすって食べていた。デイケアの男性もちょっと食べられましたねと安心した。すると、小倉は疲れた様子で、食後の昼寝に入った。

それからわずか数十分。男性がなにげなく見ると、小倉は息を止めていた。

男性の電話を受けて、真理らは慌てて帰った。医師も到着した。だが、もはや打つ手はなかった。男性の話では「眠っている途中で逝かれたようでした」ということだった。

康嗣は、あれ以上の安らかな死はないでしょうねと腕を組んで回想した。

「痛みや苦しさもなく、直前まで自分でごはんを食べられた。そして、最期は眠りながら逝った。あんな安らかな死はなかなかない。むしろうらやましいぐらいです」

真理も、ほんとにそうねと同意する。

「最期の数ヶ月、いちばんしがらみのなかった孫たちと暮らせたのは、父にとって幸せだったと思います。それまでの人生が、私のことなどで、延々と苦労ばかりでたいへんだったから。でも、最期はお互いなかよしという孫たちと同じ時間を過ごせた。それを叶えられたのは、父にとっても、私にとっても、よかったと思うんですね」

葬儀はレドンドビーチ市に隣接するトーランス市にあるライス・モーチュアリという葬儀場

で行われた。土葬が原則の現地では近隣に火葬場がなく、真理はその手配に追われたという。

混乱もあったと真理が苦笑する。

「火葬が焼きあがったと連絡があって、火葬業者のところへ行って確認したんです。箱を開けたら、名前のところに〈John…〉とぜんぜん別の名前が書いてあった。あぶなく別の人の遺骨をもらって帰るところでした」

遺骨は真理が引き取って帰国、品川駅の近くにあるカトリック高輪教会内にある納骨堂「クリプト高輪」に納骨された。小倉は妻の玲子、そして二〇〇一年に他界した玲子の母、望月きみゑとともに眠ることになった。

カトリック改宗の際、小倉に洗礼を施したカトリック西千葉教会の小林敬三神父に、小倉の人生がどのように映ったか印象を尋ねた。小林はそうですねと考え込み、まず第一に誠実で真実を愛した人でしょうと語った。

「彼の地位であれば、享楽的な楽しみ、目に見える物質的な楽しみはいくらでも手にすることができたはずです。でも、小倉さんはそちらには行かなかった。わざわざ目に見えない神様の世界に目を向け、信仰に勤しんだ。もちろん、それは同時に、彼自身が信仰に救いを求めていたことでもあります。悩みからの脱却です」

でも、と一瞬そこで間をとると、ここが人生の不思議なところなんですね、と小林神父は身を乗り出して続けた。

「その彼個人の祈りは、障害者など弱きものの自立を助けるように働いた。そして、そういう祈りが財団につながった。小倉昌男という人の生き方は、神様にも、人々の心にも強い感動を与えた。その目に見えない力は永遠に続くでしょう」

小林神父には聞いておきたいことが、もう一つあった。

もしカトリックの信徒が自分で生きるのをやめた場合、その信徒の死を教会はどう捉えるのかという疑問だ。カトリックといえば、自殺を禁じる教義で知られる。だとすると、熱心な信徒だった玲子はどのような扱いになるのか気になっていたからだ。

こちらの質問に、小林神父は何かを察したように微笑んだ。

「人間は生まれたら生きたいと望むのが本性です。けれども、ごくわずかに生を自ら諦めてしまう人も存在します。かつてのカトリック教会では、自殺は非難されました。その教義は広く知られているのでしょう。でも、じつは一九六二年の第二バチカン公会議で、解釈を改めたんです。〈自殺は死ぬほどの苦しみから逃れたかった行為だった。それは病気の証拠、病死だった〉という解釈です。そこで、教会は、自らなくなった人に寄り添えなくて申し訳なかったと考え、その人が永遠の救いを得られるように祈ることにしたのです」

そして、あなたの心配にはあたりません、いまのバチカンは変わっているのです、と言い添えた。その言葉を聞いて、胸につかえていた何かが消えていくのを感じた。

毎年命日が来ると、伊野武幸は岡本和宏や高田三省と一緒にカトリック高輪教会の納骨堂へお参りに向かう。三人で旅行をするときもある。そして、ああでもないこうでもないと日頃の話をしつつ、ボスだった小倉に思いを馳せる。伊野が言う。

「小倉さんの魅力というのは業績だけじゃないんです。彼の趣味の俳句でもそうだけど、なんとも滋味がある。それにはもちろん人柄が大きいんですが、もしかすると家族の影響もあったかもしれませんね。家族関係では、よく考えると女性でずっと苦労しているんです」

小学校からの旧友・藤岡もそれとなく示唆していたが、たしかに継母や妻、娘との関係性を考えていくと、つねに苦労が絶えなかったことが思い出された。

「ただ、やっぱり小倉さんが生涯を通じて力を入れていたのは、真理さんだった。『鈍な子ほどかわいい』と昔から言うように、手間がかかる子のほうがかわいい。真理さんのことでは、たいへん苦労されたけど、そういう部分があったんじゃないかなと思います」

そのうえで、伊野は小倉の人生を思うとき、いつも一つの俳句を思い出すと語った。高浜虚子に師事し、昭和初期に逓信次官にもなった富安風生の作である。

〈冬草や黙々たりし父の愛〉

「小倉さんの人生を思うとき、僕はついこの句を思い出してしまうんですね。じっと我慢して愛情を注いできた父の姿。そうして尽くしてきたのが小倉さんの人生だった。さらにもう一言言わせてもらえば、娘だけではなく、いろんな人に対して、父のように静かに尽くしてきた。小倉さんはそういう人でした」

小倉は会長になった年の一九八七年暮れから玲子に倣《なら》って俳句を詠みはじめ、二〇〇四年までに三百九十余句をつくった。自身の思いについては抑制した句作だったが、一番最初に詠んだ句では拙い調子で希望を込めていた。

〈これからの年を大事に冬至風呂〉

もちろんこの先我が身にどんなことが起きるのか、どのような旅路を経るのか、知る由もないことだった。

小倉は旅行や出張で新しい土地に足を運んだときには、たいてい句作を行っていた。長崎、北海道、イタリア。どの土地でも小倉なりに感じた詩情を句作に込めていた。

陽光まぶしいレドンドビーチを歩きながら想像したのは、小倉だったらここでどんな句を詠んだだろうかということだった。

南北に広がる浜辺には、さまざまな色をした人たちがTシャツに短パンといった姿で集まり、友人や家族と楽しんでいた。日本の詩情とは異なるが、もちろんここにはここの人々の暮らしがあり、喜びや悲しみがあるはずだった。

その詩情を小倉ならどう詠んだのか。そして、自らの旅路の果てをどう顧みたのか。

青空の下、無数におよぐ凧を見上げながら、そんな空想を延々としていた。

長いあとがき

ゆるやかな上り坂を歩いていくと、教会入り口の片隅に伊野武幸が腰掛けていた。登山帽をかぶりなおし、伊野が汗を拭う。

「暑いですねえ。もうすこしでみんな揃うと思いますよ」

品川駅から西に五百メートルのカトリック高輪教会。地下につくられた納骨堂「クリプト高輪」にはこの日、小倉昌男に縁のある人たちが集まる予定だった。

二〇一五年六月三十日、小倉昌男の没後十年の日だった。

体調がすぐれないという高田三省は欠席したが、元秘書の岡本和宏など九人ほどが集まった。取材でお世話になった人に礼を言いつつ、地下ホールに降りた。

すでに小倉昌男についての原稿は書きあげ、小学館ノンフィクション大賞の事務局に提出したあとだった。そこで、今回筆者が行った取材がどんなもので、どんなことを書いたのかを墓参者たちに説明した。当初は手短に話すつもりだったが、促されるうち、結果的にはそのまま立ち話で四十分近く話し込むことになってしまった。というのも、生前小倉が親しくしていた人でも、今回核心に触れた部分を話してみると、ほとんど知らなかったためだ。

話の途中で、岡本と伊野は何度か同じ感慨を漏らした。

「そうか……。僕はずっと真理ちゃんのことを誤解していたわけだ……。それは申し訳ないことをしちゃったなあ」

「いやあ、そういう事情があるとは知らなかった。だから、つい『わがまま』といった感じに捉えてしまってたんだね。悪いことをしてしまったなあ……」

そんな感想を聞くたびに、それは、しかし、どうしようもないことだったと、こちらも言わねばならなかった。なぜなら真理自身も、あるいは父の小倉も病状に関する正確な把握はできないまま、相当な時間が経ってしまったからだ。

ただ、墓参者にとって、こちらの報告は後悔を誘うばかりではなかった。精神障害の苦難の話に続けて、真理がその障害をようやく克服した様子も伝えた。

話しはじめた当初、墓参者ははじめて知る事実に驚きつつ、「いまの真理さんは大丈夫なんですか」と心配そうに質問してきた。実際に会った経験として、それはまったく心配に及びませんと答えた。取材に際しては機微に触れる厳しい話題もあったが、真理はどんな話でも激することなく、和やかに話をしていた。正直な感想として、それまでの過去の話がにわかには信じられないほどだった。

そんな雑感を伝えると、墓参の九人は顔を見合わせて喜んだ。

岡本は笑みを浮かべながら、その報告が今日一番の手向けでしょうと語った。

「完全に治ったのが小倉さんがなくなったあとというところは残念ですが、真理さんが病気を克服し、本来の自分を取り戻せたのであれば、これ以上の喜びはありません。今日小倉さんに報告する一番のニュースですよ」

そう語ると、全員がうれしそうに、そうそうと首肯した。各人の表情もほぐれ、涼やかな地下室にほっとした空気が流れたあと、納骨室を開き、順に手を合わせていった。

取材者としても長らく報告したいと思っていた。

もともとはちょっとした疑問からはじめた取材だった。それが、思わぬ話につながり、いつのまにか一年半ほどの期間を費やすことになった。もちろんこれだけで小倉昌男のすべてを理解したというつもりもない。それでも、小倉が長年秘めていた家族への思い、障害者福祉に踏み込もうと思った契機——その一端はつかめたのではないかと思っていた。

そして、取材の最後に知り得た真理の話は、長年の小倉の悩みが晴れて解消されたということを意味していた。納骨室に手を合わせる際、取材者としての赦しを求めるとともに、長年の心配はもう必要ありませんと報告した。


第二十二回小学館ノンフィクション大賞の大賞を受賞したという連絡を受けたのは、それから一ヶ月後の七月三十一日のことだった。同賞の歴史で初めて選考委員がすべて満点をつけ、満場一致で大賞に選出されることが決定した。筆者にとっては身に余る栄誉をいただくことになった。

受賞の報告を真理と康嗣に送ったのが受賞発表の翌日だった。すでに新聞記事でも流れており、時間を置く余裕はなかった。ところが、思いもかけず、そこからさらに話は展開することになった。

真理からの返信はすぐに届いた。メールには冒頭でこちらの作品の受賞を喜んでくれたが、同時に彼女からも二つの大きな報告があった。一つは康嗣のことだった。

〈もうご存知かもしれませんが、康嗣はヤマトをやめることになりました。九月に日本に帰るようです〉

その時点では気づいていなかったが、受賞前日の七月三十日の日本経済新聞で康嗣は米国ヤマト運輸の社長の退任が報じられていた。

そして、もう一点。こちらは真理自身の話だった。

〈九月半ば頃日本に行き、九月下旬から十月上旬、日野市社会教育センター主催の福祉を学ぶデンマークツアーに参加します。いろんな障害を持った人たちや老人、子供の施設を見学する研修ツアーで今から楽しみです。

デンマークから戻ったあと東京に数日滞在するかもしれませんが、まだ未定です。

森さんは、アメリカにいらっしゃる予定がおありですか？〉

要は、真理も社会福祉に動き出したということだった。

じつは社会福祉への関わりは取材の際、真理が何度か語っていたことだった。長く精神障害を患ってきた。そのせいでまさに今回の取材のとおり、家族にも迷惑をかけてきた。そうした経験を活かしたうえで、精神障害に関わる福祉に携わりたい――。真理は取材の途中、たびたびそう語っていた。こちらはその思いを耳にしつつも、その実行はしばらく先のことだと考えていた。だが、真理の動きは予想以上に早かった。

読んだ瞬間、すぐさまキーボードを叩いた。

日本に立ち寄られるなら、ぜひお会いしたいです。また、ご報告をかねて、そちらにもうかがいたいと考えています――。


デンマークからの帰路便は午前中に着いているという話だった。

二〇一五年十月初旬、午後の遅い時間、約束していた成田空港近くのホテルに向かった。フロントから呼び出してもらうと、ややあって真理が現れた。十数時間のフライトのあとだけに疲れているだろうと思ったが、予想外に元気な表情だった。

真理は、疲れてはいますけど、と笑って認めつつ、「この研修旅行、やはり行ってよかったです」と続けた。

九月二十六日から六泊八日の行程で行ったこの研修旅行は、東京郊外にある、ひの社会教育センターという団体の主催で行われていた。高齢者施設、認知症のグループホーム、保育所、障害者の授産施設（共同作業所）、そして精神疾患患者の施設と、連日多様な社会福祉施設を回りながら、福祉先進国のありようを学ぶのが目的だった。

それにしても、いきなり福祉先進国への研修に参加したのはなぜだったのか。

尋ねると、きっかけは三十年来つきあいのある鍼灸師の友人からの誘いだった。友人は真理が厳しい精神状態で悩んでいる頃からのつきあいで、米国に真理が移り住んでからも交流は続いていた。今回のツアーでは二人揃って参加していた。

現地の研修は専門職向けと言ってもいい本格的な内容だったという。

「毎朝一時間ぐらいかなりしっかりした講義があって、それから施設に行っていました。参加者の多くが、日本で高齢者施設や保育所などで仕事をされている方。ですので、視察という簡単なものではなく、専門的な内容が中心の研修でした」

そう真理は振り返る。

各現場では二つのグループに分かれ、その片方のグループで真理は通訳を兼ねる役割を担った。各施設の責任者の案内を受けながら、解説していく。初参加の真理には重い仕事だったが、その分、有益だったという。

「同じグループの人に活動内容を解説するには、通訳の自分がしっかり理解しないといけない。結果、デンマークの職員に繰り返し尋ねることが多くなり、ふつうに参加するときよりも、深く理解できたように思います」

もっとも関心があった精神疾患の施設への訪問も有意義なものだったという。訪れた授産施設はデンマークの基準における三段階でもっとも重い程度の人たちが集う場所で、コーヒー豆の焙煎や袋詰、ラベル貼りなどをしていた。

そうした施設の研修で頭をよぎったのは、父のことだった。

「たぶん父もこういう作業所を、きょうされんの藤井克徳さんと回っていたんですよね。いま自分が視察して、はじめてこういうところだったのかと思いました」

この研修ツアーに参加したのはデンマーク福祉の実状を学ぶのが目的だったが、真理にとっては、実務の習得だけではない大きな意味合いがあった。

デンマークツアーの一ヶ月ほど前、米ロサンゼルスで真理や康嗣と会う機会を得た。その際、真理はちょうどいま自分に変化を感じていると語っていた。

「動きたい、動ける時期になったんだと自分で感じるんです。それにはいくつかの条件が重なったことがあります。まず（第四子の）長男も大学入学が決まり、全員送り出すことができた。

つまり、子どもたちに手間がかからなくなった。また、私に合った薬を飲みだして何年も経ち、この薬さえあれば、しっかりふつうに歩んでいけることもわかった」

そして、そのつらかった体験を自分で語れる気持ちになれた。そのときにいったい自分は何をしたいかと考えた。その結果、一番にあがったのが自分と同じような精神障害の方へのサポートだったという。

小倉がヤマト福祉財団を設立する前後の頃、真理は深刻な精神状態に陥っていた。母の玲子がなくなった一九九一年、その年の暮れから三ヶ月ほど真理は閉鎖病棟に入院していた。また、父が財団を設立した翌年の一九九四年は、五月から十二月まで約八ヶ月近くも閉鎖病棟に入院していた。それは日常生活にも支障をきたすほど厳しい状態だったという。

「当時は自分のことに精一杯で、父がやっている活動に興味をもつ余裕もありませんでした。はっきりした病名がわかったのが一九九四年、慈恵医大のある先生が、アメリカ精神医学会の診断基準に基づいて診断してくれた。そこではじめて『境界性パーソナリティ障害』とわかったんです。あの頃は本当に大変でした」

その後の十年でいくつか薬を変えたり、調整したり、あるいは認知行動療法といった行動から精神状態を改善させる方法にも挑戦しながらバランスを保ってきた。そして、前述のように、二〇〇六年以降処方された薬でまったく問題がなくなった。そして、精神状態が落ち着いたなかで見えてきたのが、こうした精神障害、精神疾患をもつ個人および家庭の苦難だった。

外傷や目に見える疾患と異なり、精神障害は誤解を招きやすい。突然襲われる抑うつ状態や神経過敏、わけもなく気分を乱される落ち着かない感覚や、誰彼となく毒をまき散らすような粗暴な衝動。脳内の神経伝達物質の変化で起きる精神障害と、それに伴う家庭での困難は医師による治療だけでなく、周囲の適切な助言やサポートが必要だ。真理が感じていたのは、そうした分野で自分の経験を役に立てられないかということだった。

「福祉というときに、精神の問題は周囲の理解も少ないように思います。であれば、そうした分野の支援で私も何かできるんじゃないかと思ったのです」

そう考えていたところに、突然ドアを開く機会がいくつも訪れた。

子どもは進学で親元を離れ、東京の友人からはデンマークの福祉研修の誘いがあり、日本から父のことを取材にきた人物がいた。いろいろな出来事が重なっている方向を見据えると、自然と「動いたほうがいい」という思いになった。

すでに陽も落ちた時間、レドンドビーチのヨットハーバーの目の前に車を駐めながら、真理はそんな風に語っていた。そして、こんな話にも広がった。

「英語で『コーリング（Calling）』って表現があるんですが、ご存じですか」

知りません。何でしょうか。

「ふつうの訳でコールは『呼ぶ』という意味です。しかし、キリスト教でのコーリングには『自分の生きる意味』『神のお召し』といった特殊な意味もあるのです。自分が何のために生き、何をするか。最近、私のコーリングは、そんな精神障害へのサポートではないかと感じているんです。何ができるかまだわかりません。でも、ようやく動けるときがきたいま、動けることをしてみようと。そんな気持ちなんです」

そんな会話をかわしたひと月後、真理はデンマークの研修旅行をすませ、日本に立ち寄っていた。

成田でのカフェでは、話は福祉の制度面や政策上の課題といったレベルにまで及び、あっという間に二時間を超えて話し込むことになった。といって、むやみに高揚しているわけでもなく、また、ぼんやりとした印象というわけでもなく、真理はしっかりとした様子でデンマークでの手応えを語っていた。

そんな真理に一つ聞いてみたいことがあった。父の財団に関わるようなことは考えたりしていないんですか——。

その問いに真理は、もしそんな機会があれば、と微笑んだ。

「私は家もアメリカだし、取り組み自体これから模索というところだし、また、財団だって財団の方針がある。そう考えると、何かにすぐ関われるわけではないと思います。ただ、父が設立したときの思いを考えると、どこかでもし接点がもてたらいいなと思うんです。なにしろ一番父を苦しめたのは私ですから。だからこそ、私が財団を通じて恩返しできることがあれば、ぜひさせていただければと思います」

そして、また遠からずの再会を約束して、成田を離れた。

人生は続く。

不格好であろうが、不揃いであろうが、人生は続く。

ここまで筆を進めたのは、「受賞作品」という点で言えば、やや不格好かもしれない。小学館ノンフィクション大賞に応募したときの原稿は前章までのもので、選考委員もそれをもって評価をした。その意味で、本章はその後日談でいわば蛇足だ。こうした追補はあまり美しくないとも感じる。

それでも、やはりこの後日談は載せておくべきだろうと考えた。

真理自身が語っているように、大きな心境の変化が彼女のなかで起きていることがうかがえたことが一つ。また、いまの彼女はかつての彼女とはまったく違い、さらに現在は新しい目標に向かいだしている。こうした進行中の変化は捨て去らず、記しておくべきだと考えた。

同じような転機は康嗣にもあった。こちらの質問に慎重に答え、家族の話に触れるなかで、康嗣は時折自身の話にも言及していた。あるときは十年近い米国暮らしに慣れたことで「もうこのままこちらでもいいかなと思っている」と言い、あるときは「やはりそろそろ日本に戻るべきかな」とも語っていた。だが、小倉の没後十年を前に東京で会った際には、「もう会社はいいかなと思っている」ともはや心は会社から離れているような感想を漏らしていた。そのときは深く尋ねなかったが、それから間もなく康嗣は退任届けを出していた。

八月末、受賞報告のためロサンゼルスまであいさつに訪れた際、退任についても尋ねてみた。だが、その時点ではいまはまだ語れないし、今後のこともこれから考えるという答えだった。一つだけ確かだったのは、表情にいわゆる〝吹っ切れた〟感覚があったことだった。

小倉昌男の半生を取材する過程で、子どもたちの人生の転機にも遭遇したことは取材者として幸運だった。小倉の他界から十年という年に、長女は病から自由になり、長男は会社から離れて自由になった。真理はかりに三年前に取材依頼があったとしたら、受けたかどうかわからないと話していた。真理の体調、康嗣の転機、家族の状況、あるいは心境。さまざまな要因が重なり、たまさか開いていた小さな扉をくぐっていたのが今回の取材だったようにも思う。

打ち明けると、職業的な関心のほかに、個人的に共振するところもあった。取材をはじめてまもない頃、奇しくも筆者の父もがんが発覚した。よい治療法や医師を探したり、未承認の抗がん剤に挑戦して遠方の病院に通院したりするなかで、取材を続けていた。そして、原稿執筆中に父は介護状態となり、原稿提出からまもなくして他界した。直接的な関係はないが、取材を深めていくなかで、自身の父が弱りながらも、何かを伝えようとしていたことは、病や死への向き合い方になんらかの影響があったかもしれない。

どんな家にも問題はある。

お金や仕事、怪我や介護といった表面的に明らかなものもあれば、感情的な仲違いや性格の不一致、そして外部にはわかりにくい精神障害の問題もある。小倉が向き合い、取り組んできた問題はけっして彼だけに特別なことではないだろう。世を見回せば、似たような境遇の人はいくらでもいるはずだ。だからこそ、伝える意義があると確信し、原稿にまとめた。その思いがノンフィクション大賞の選考委員に伝わったのだとすれば、今度は書籍としてより多くの読者にも伝えられたらとも願っている。

森健（もり・けん）
1968年1月29日、東京都生まれ。ジャーナリスト。92年に早稲田大学法学部卒業。在学中からライター活動をはじめ、科学雑誌や総合誌の専属記者で活動。96年にフリーランスに。著書に『就活って何だ』（文春新書）、『勤めないという生き方』（KADOKAWA）、『つなみの子どもたち』（文藝春秋）、『ビッグデータ社会の希望と憂鬱』（河出文庫）、『反動世代』（講談社）など。2012年、第43回大宅壮一ノンフィクション賞受賞。15年、本作で第22回小学館ノンフィクション大賞受賞。

小倉昌男 祈りと経営
ヤマト「宅急便の父」が闘っていたもの

2016年 1月30日 初版第1刷発行

著者 森健
発行者 飯田昌宏
発行所 株式会社 小学館
〒101-8001
東京都千代田区一ツ橋2-3-1
電話 編集 03-3230-5961
販売 03-5281-3555
印刷 萩原印刷 株式会社
製本 株式会社 若林製本工場

Printed in Japan. ISBN978-4-09-379879-2